メディアを動かす広報術

松林 薫
ジャーナリスト
社会情報大学院大学客員教授

宣伝会議

メディアを動かす広報術

装丁　松田行正・梶原結実
本文DTP　NOAH
編集協力　小田明美

はじめに

企業や役所などの広報業務は、記者とのつきあいなしでは成り立たない。

オウンドメディアやSNSなど、情報を直接発信できるツールが増えたことは事実だ。しかし、大手メディアの影響力は今も無視できない。ネットで「バズった(もしくは炎上した)」事例を見ても、規模が大きかったものはSNS単独で情報が拡散されているわけではない。ネットで話題になっていること自体をマスコミが「ニュース」として取り上げ、報道とクチコミの相乗効果によって爆発的な拡散が引き起こされているのが実態だ。

一方、記者の日常業務も、企業などの広報がいなければ成り立たない。ニュースの「ネタ元」のかなりの部分は、記者クラブに投げ込まれるプレスリリースだ。幹部などから話を聞く際も、夜討ち朝駆けなどのオフレコ取材を除けば広報にセッティングしてもらうことが多い。こうした広報への依存度の高さは「発表ジャーナリズム」として批判されるほどだ。

新聞記者だった筆者の経験から言っても、日本における記者と広報は、お互いが最も重要なビジネスパートナーだ。そして、企業などが組織のガバナンス(統治)

を強化し、リスク管理の体制を整える中で、取材対応を広報経由に一本化する流れは年々強まってきた。記者の突撃取材に対する典型的な逃げ口上が「広報を通してください」であることは、それを象徴している。

しかし、こうした記者と広報の関係には変化の兆しもある。背景にあるのは、新聞やテレビといったオールドメディアの経営難だ。

顧客離れと広告のネットシフトが続く中、報道各社はこれまで聖域とされてきた記者や取材費の削減に手を付け始めた。日本の大手メディアが誇ってきた、世界に例を見ない規模の取材網は崩壊しつつあるのだ。これは広報の側からすれば、記者クラブにリリースを投げ込みさえすれば、報道機関が競うように報じてくれた時代の終わりが近づいていることを意味する。

一方、現場の人手不足を背景に、報道機関は業務の「選択と集中」を進めつつある。リリースの記事化などルーティンワークは通信社に任せ、より付加価値が高い「調査報道」に力を入れ始めたのだ。筆者の古巣である日本経済新聞も、調査報道の専門チームを立ち上げたり、データ分析の専門知識を持つ人材を採用したりして、体制の強化を進めている。

調査報道とは、役所や企業などの組織に頼らず、埋もれている情報を自ら掘り起こす取材手法を意味する。「広報に頼らない報道」と言いかえてもいいだろう。こうした取材スタイルが広がると、広報は記者の動きを把握しづらくなる。

問い合わせがあるのは、内部告発やデータ分析によって外堀を埋められ、原稿がほぼ完成してから。仕上げである「当事者の釈明コメント」をもらう窓口として利用するだけ、といった形になるかもしれない。

これらの変化が意味することは明白だ。今後、広報の仕事は現在の「マーケティング寄り」から、「リスク管理寄り」にシフトしていくだろう。

そのリスク管理についても、中身は変わらざるを得ない。従来、広報はネガティブ報道を抑えるのに、記者との人間関係を利用してきた。しかし記者の広報依存が薄れれば、そうした手法は通用しにくくなる。不祥事を不意打ちで報じられる事態に備え、即応体制の整備や、記者会見に臨む経営陣への適切なアドバイスなどが求められるようになるだろう。

こうした変革期に、広報はどう適応していけばいいのか。筆者は、「記者の行動原理」を理解することが、その第一歩になると考えている。報道をめぐる環境が大きく変わったとしても、記者のニュース価値の判断基準や問題意識といった基本については揺るがないと思うからだ。

実際、1915（大正4）年に出版された杉村楚人冠（日本の近代的新聞の基礎を築いた朝日新聞の記者）の著書『最近新聞紙学』を読むと、記者の行動原理が100年前からほとんど変わっていないことに驚かされる。変化の激しい時代だからこそ、普遍的な部分を改めて確認した上で戦略や戦術を練り直す必要があるのではないだろうか。

本書はまさに、そうした観点から執筆した。具体的には、広報の専門誌である「広報会議」に連載中の「記者の行動原理を読む広報術」をベースに、新型コロナウイルス感染症のパンデミック（世界的大流行）など最近の大きな変化を踏まえて加筆修正している。

また、「ポジティブ情報をどうすれば記者に取り上げてもらえるか」といったノウハウについても、記者側の視点から具体的に解説した。これから調査報道時代を迎えるからといって、すぐに「マーケティング寄り」の業務がなくなるわけではないからだ。広報スキルを高めるための練習方法などについても取り上げ、新任の広報から、後進の指導にあたるベテランまで役立つ内容にしたつもりだ。

市民の「知る権利」が守られるためには、記者と広報がお互いの立場を理解・尊重し合い、適度な距離感と緊張感を保ってコミュニケーションすることが不可欠だ。本書がその一助になれば幸いである。

メディアを動かす広報術　もくじ

第2章

売り込みするには相手を知れ！

第3章

企業価値を高める広報対応術

第4章 不確実性の時代、これからの広報の行方

第1章

広報仕事術「超基本」

新任広報に報道対応の基本を伝授
広報の特殊性を理解するには記者の視点でロールプレイング

メディアを介して間接的に情報を伝える広報の仕事。

新任広報には、記者がどのように「ニュース価値」を判断しているかを次の3つのステップで体験学習してもらうのが効果的だ。

本文から見出しを予想する

広報部の入れ替えが激しい企業では、定期的に新任者向けの研修を実施しているようだ。筆者もときどきそうした講師として呼ばれることがある。そうした際に筆者が提供しているメニューについて紹介しよう。

広報にとって最も大事なのは、心の片隅に「記者の視点」を持つことだ。そもそも広報の仕事の特殊性や難しさは、メディアという利害が異なる第三者を介して間接的に情報を伝える点にある。

研修でも、まずこの点を意識させることが重要になる。ただ、座学でそれを教えるのは困難だ。最終的には現場でメディアとつきあいながら体得するしかないが、研修で学ぶならロールプレイングが効果的だろう。

もっとも、新任者が1〜2人だとあまり手間はかけられない。そういう場合に手頃なのが「リリースの処理体験」だ。ネットなどで公開されている他社の報道資料を読んで、新聞記者になったつもりで記事を書いてみるのである。

ロールプレイングに話を戻そう。第1段階では、新聞記事の本文だけ読ませて「見出し」を予想させる。新聞社であれば紙面のレイアウトと見出しを担当する「整理記者」が行っている作業を疑似体験するわけだ。この練習を通じて、見出しの「型」や、記事の中でどの部分をピックアップするのかを学ぶことができる。

この練習は少しやればかなりの確率で「正解」が出せるようになる。新聞の見出しは原則として本文（多くはリード＝前文）の一部を抜き出してつくるので、その法則に気づけば国語のテストと同じ要領で「解ける」のだ。

記者が重要だと考える情報とは？

一定の回数をこなしたら、第2段階に進む。過去に出されたプレスリリースを読んで「それが記事化されたときにどんな見出しがついたか」を予想させるのだ。これは、取材記者が「仮見出し」を考える作業にあたる。仮見出しとは、記者が本文を書く前に、その内容を一言で要約してつける見出しのことだ。最終的に読者が目にする見出しは整理記者がつけるので、区別するためにこう呼んでいるのである。

リリースはネットで検索すれば手に入る。例えば日本経済新聞のサイトなどには、業種や日付、キーワードを指定して探せるコーナーがある。そこで1週間以内に発表され、記事化されたリリースを選び、新任者に「紙面ではどんな見出しがついたか」を考えさせるのだ。

これは、記者がどのように「ニュース価値」を判断しているかを教えるうえで有効な方法だ。リリースにはさまざまな情報が盛り込まれている。その中で、何が最も重要なのかを記者の視点から考えることになるからだ。

なお、ロールプレイングの前に、あとで詳しく触れる「ニュース価値の3要素」について学んでおくとより理解しやすくなるだろう。3要素とは❶社会的影響（関係者の多さ、影響する分野の多さ、影響が続く長さ）、❷新奇性（新しさ、めずらしさ、面白さ）、❸読者の関心（流行度、読者層との関係の深さ、感情を刺激する度合い）。記者は基本的にこの3つからニュース価値を分析している。

また、研修生の答えと実際の記事の見出しが違った場合、その原因を分析するといいだろう。それを繰り返すと、記者がどういう情報に食いつくのかが理解できるようになるはずだ。言いかえると「広報が書いてほしい情報」と「記者が重要だと考える情報」の違いがわかるのだ。

記事が書きやすいリリースとは?

ここまでできたら、第3段階に進む。記者がリリースを読んで速報記事を書く作業を体験するのである。

この練習のポイントは、文字数や記事のスタイル、締め切り時間などを決めたうえでやることだ。新聞記者となるべく同じ条件で書くためだ。

例えば、見出しは「1本15字以内、2本の場合は合計25字まで」などと設定しておく。「○○電機、給与を業績連動型に　来年度から実施」なら、メイン見出しとサブ見出しの2本で読点やスペースを除いた合計は20字だ。ニュース速報ではこれが標準的な長さだろう。

本文は速報で使われる文体を真似て書く。特徴は、第1段落（リード）に重要な情報をすべて盛り込み、見出しと合わせて単独で記事として成立するように書く点にある。結論が最後ではなく冒頭にあるので「逆三角形」と呼ばれる。

リードの書き出しでは「5W1H」を意識する。具体的には、「Who（誰が）」「When（いつ）」「Where（どこで）」「What（何をした）」の順で冒頭の文に盛り込む。これが記事の基本形だ［**図1**］。例えば、「○○電機は（Who）5日の（When）決算会見で（Where）、給与を業績

図1　「記者の視点」に立つとリリースの書き方が見えてくる

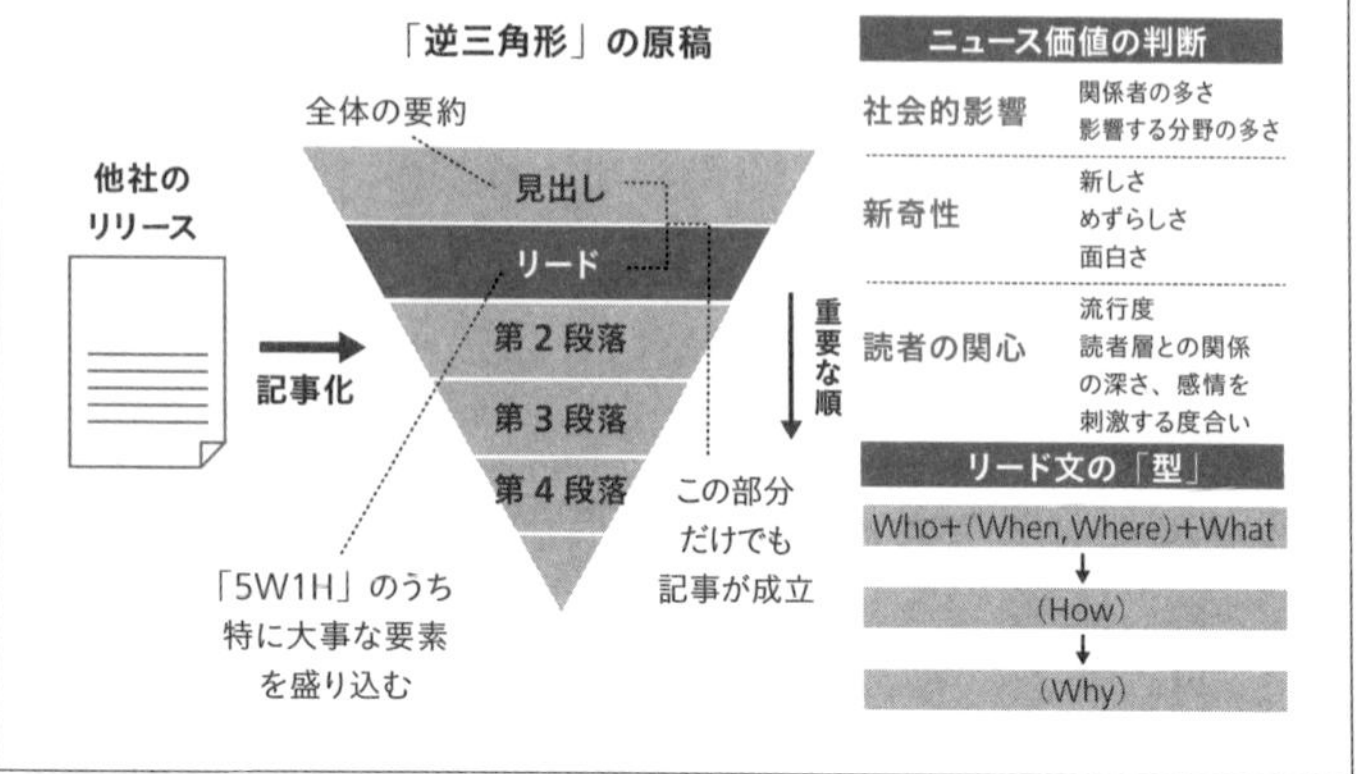

連動型に変えると発表した（What）」といった定型文ができる。

リードの長さは150～200字にするといいだろう。

数をこなす場合は、この「見出しとリード」だけの原稿をたくさん書くとよい。速報はこの程度の分量だし、デジタル版では無料で読めるのはリードまでというケースが少なくないからだ。

第2段落以降も書く場合は、重要な事項から順に書いていく。リードと同様、情報が段落ごとに完結するように書くのもポイントだ。1段落の分量は100～150字に揃える。こちらも「最大で第3段落まで」などと字数制限を設ける。

制限時間は、見出しとリードだけの原稿（本文200字）なら20～30分に設定する。記者が締め切りに追われて仕事をしていることを体で理解するためだ。情報が整理されていないリリースを記事化する作業がいかに大変か実感できるだろう。原稿を書き上げたら、実際に新聞に掲載された記事と見比べて検証する。これは第2段階と同じだ。

この練習のもうひとつのポイントは、「記事にできる情報は意外なほど少ない」という事実を理解させることだ。書いてほしい情報をすべて盛り込むと、記者にとっては「読みにくいだけのリリース」になる。ネット速報が全盛の時代、人手不足で仕事が増えた記者はそうしたリリースを敬遠する。

このように、実際に記者の立場を経験すると見えてくることがたくさんある。ベテラン広報でも、こうした体験学習をすると何か発見があるかもしれない。

「旬のネタ」とは何か？ニュースの価値はタイミングで決まると心得よ！

発信するタイミング次第で、ニュースの扱いは大きく変わる。

「旬のネタ」とは「季節」「事件」「流行」の3つ。
できる広報はしっかりつかんでいる、記者対応の基本。

記者にとっての「旬」がある

新聞記者だった時代にはいつもネタに飢えていた。そういう事情は企業の広報担当もよく理解しているようで、よくネタの売り込みを受けた。「新商品について発表前に教えるので、大きく扱ってもらえませんか」といった、いわゆるリーク（売り込みネタ）である。

記者からすればありがたい話なのだが、中には記事にはならないネタや、広報の期待通りの大きさにはできないネタもたくさんあった。記者が「ニュース価値」をどのように判断しているのかは、これから詳しく説明していくつもりだが、ベタ記事（第2章101ページ参照）やボツになってしまうのは、「旬」を外しているケースが多い。広報はまず、記事を売り込む際のポイントとなる「旬」について理解しておく必要がある。

たくさんの広報担当者と接していると、当然のことながら売り込みがうまいなと感心させられる人と、どうもこの人の持ち込むネタはハズレが多いなという人がいる。広報の実力は社内人脈などさまざまな要因で決まるものだが、売り込みの「センス」を左右しているのは、「新聞記者にとっての旬とは何か？」を肌感覚で理解できているかどうかだったように思う。

図2　主要5紙の「異物混入」記事数

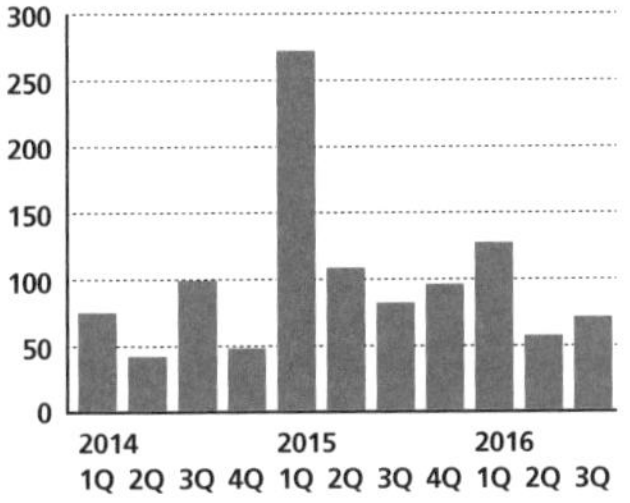

注）日経テレコン21で、「異物混入」が含まれる記事を検索。

新聞記者にとっての旬とは

季節　サクラや紅葉など、その時期に決まって記事にするような「定番」のネタ。過去の記事からキーワードを抜き出し一覧表にしておくとよい。

事件　大きなニュースをきっかけに、急に注目される話題。内容はポジティブ、ネガティブともにある。各紙の1面トップをチェックすべし。

流行　「はやりもの」に関連した内容であれば掲載に至るハードルは下がる。SNS上で急上昇している言葉やテレビで注目の言葉をチェックしておく。

新聞にしろテレビにしろ、記者というものはやたらタイミングにこだわる人種である。わかりやすい例をあげれば、「食品の異物混入事件」の報道には、明らかに記事になりやすい時期とそうでない時期がある。食品業界の人なら誰でも知っているように、異物混入自体は常に一定の確率で発生している。ところが、それがマスコミで大々的に取り上げられるかどうかは、発生した時期に大きく左右されるのである。

少し前のことで言えば、「まるか食品（群馬県伊勢崎市）」のカップ麺に虫が混入していた2014年12月の騒動の後、インスタントフードや冷凍食品の「異物混入」が相次いで報道された。記事の件数を見ても、騒動の発覚後3カ月ほどは、異物混入ネタならなんでも記事になる、ある種のブームが起きていたことがうかがえる［**図2**］。

もちろん記事の中心は「まるか食品」だが、同社をめぐる騒動が注目された結果、食品への異物混入自体がマスコミ業界では「旬」になってしまったといえる。

大ニュースの「続報」に好機

では、記者にとっての旬とは何なのだろう。大きく分けると3つある。「季節」「事件」「流行」である。異物混入はこのうち「事件」に相当する。

「季節」については、特に説明はいらないだろう。そもそも「旬」という言葉自体が、果物や野菜がおいしい季節のことを指すからだ。季節は毎年、同じ周期でめぐってくる。その意味では「ニュース性」は低いのだが、新聞は毎年、同じ時期に「定番の記事」を掲載するのである。

代表的なものは「〜が見ごろ（サクラ、紅葉など）」「〜の風物詩、〇〇が最盛期を迎えた」といった記事だ。こうした定番の「旬」は、過去記事を調べれば、いつ、どのような形で記事になるのかはあらかじめ予想できる。記者もたいていは前年の記事を調べてネタを探しにいくので、その前に先手を打って関連するネタを売り込めば、取り上げられる可能性が高まるはずだ。

「事件」をめぐる旬とは、ニュースをきっかけに、それに関連する話題が急に注目を集める時期を指す。先にあげた異物混入はネガティブな事例だが、皇室関連の慶事や日本人のノーベル賞受賞など、ポジティブな出来事も含まれる。

いずれにせよ、きっかけは新聞が一斉に1面トップで報じるような大ニュースが中心だ。こうしたニュースでは、記者の習性として「続報」を探すようになるからである。

例えば、事件や事故のニュースであれば、一般的に社会部の担当となる。しかし、だからといって政治部や経済部、国際部などが盛り上がっている「祭り」を、指をくわえて眺めているわけにはいかない。他の組織でもそうであるように、同じ新聞社の中でも部間の競争は激しいので「いかにからむか」を考えるのである。

経済部であれば、「今回起きた事故を防げる、こんな技術が開発された」といった、企業ネタを探すことになる。政治部も「○○省が対策に乗り出した」とか、「○○党の幹部がこうコメントした」といった記事で参戦しようとする。関連ネタであれば、普段はそれほどニュース価値がないものでも大きく扱われるのである。記者の間ではこうしたニュース価値の格上げを、麻雀の役にたとえて「1翻《イーハン》つく」と言ったりする。

流行のチェックが基本

記者にとっては「流行」も重要なポイントになる。いわゆる「はやりもの」は読者の食いつきもいいので、少々軽薄に見えようとも記事にしてしまうのである。

ネットの世界では「バズワード」などと呼ばれることが多いが、新聞でもあるキーワードが見出しに取ることができればなんでも記事になる、という時期がある。「ＡＩ（人工知能）」や「デジタルトランスフォーメーション（ＤＸ）」などがその典型例だ。中には「それは人工知能ではなくパソコンソフトの話だろう」と突っ込みたくなるような記事もあるが、言いかえれば普段は見向きもされないパソコンソフトの新製品でも、「ＡＩを組み込みました」と言い切ってしまえば記事になるのである。記者もこうした牽強《けんきょう》付会《ふかい》で記事をひねり出すのだが、広報サイドがアイデアを提供して記事に「1翻つけている」事例も少なくない。

さて、記者が敏感に反応するこうした「旬」はどうやってかぎわければいいのだろう。

「季節」については、縮刷版（新聞の紙面を縮小して1カ月分を集めた冊子で、公共図書館に行けば閲覧できる）を過去1〜3年分調べて、いつ、どんな記事が「定番」として載るかを一覧表にしておくといいだろう。1面と社会面を中心に見ていけば、毎年同じようなネタが繰り返し取り上げられていることに気づくはずだ。

「事件」については、すでに述べたように各紙の1面トップを注意して見ておく必要がある。特定の新聞だけが固執する、「マイブーム」のようなネタもあるが、その場合は当該紙に売り込めばいい。

「流行」は新聞で言えば社会面で紹介されることが多いが、最近はネットから発生するケースが多いので、ＳＮＳで使用・検索が急増しているキーワードに注意することも重要になる。同様に、テレビもチェックしておいたほうがいいだろう。

ただし、新聞が流行を取り上げるのは、主要読者である中高年層にも認識され始めてからになるため、ネットやテレビからワンテンポ遅れることもある。先手を打って売り込む方法もあるが、どんなキーワードが記事になっているかをデータベースで検索してみる方法もある。

特に「見出し」にとられることが増えている言葉は、間違いなくバズワードである。ヒット件数を月次で調べてグラフ化し、急に伸びているキーワードがあれば、売り込みたい話題と関連づけられないか、検討してみるといいだろう。

記者が反応するキーワードを盛り込む！リリースの極意は2種類つくること！

プレスリリースを書くとき、どんな言葉を盛り込めばいいのだろうか。

これには記者にとっての「ニュース価値」とは何なのかを知っておく必要がある。

筆者が大学などで担当するライティング・エディティング講座では、商品発表のプレスリリースを元に記事を作成する実習を取り入れている。授業で使うため、事前にさまざまなリリースに目を通すのだが、毎回、「広報になっていない」ものの多さに驚かされる。

どういうことか。一言で言えば、単なる「宣伝文」が、あまりにも多いのである。広報担当であれば「報道」「広報」「宣伝」の違いは最初に学ぶはずなので、ここでは繰り返さない。要は、商品概要をキャッチフレーズで飾り立てただけの、客観性に乏しい文章が目につくということだ。

もちろん、そこから客観情報を抜き出して裏を取り、追加取材をして記事にするのが記者の仕事ではある。しかし、なにしろ忙しいので、必要な情報が欠けているリリースを見ると面倒くささが先に立ってしまう。採否の判断は一瞬で下されるので、宣伝臭が強いリリースは損をするのだ。

「記事」を書ける広報は強い

では、記者の目にとまるにはどうすればいいのか。これは、記者の立場に立ってみればすぐにわかる。究極のリリースとは、見出しから文章までコピペすればそのまま記事になるものだ（実際にはやらないが）。理由は言うまでもなく、記者にとってそのほうがラクだからである。

第2章54ページで取り上げる「スクープ」とは逆に、「リリース処理」は記者としての評価につながらない作業だ。大事だとはわかっていても、取材や執筆になるべく手間をかけたくないのが人情なのである。

もう10年以上前の話だが、新聞記者をしていたころ、リリース処理を恐ろしく効率的にこなす先輩がいた。担当企業からリークされた「預かりネタ」もたくさん抱えていて、デスク（編集者）やキャップ（取材チームのリーダー＝キャプテンの略）から「今日、何か暇ネタない？」と聞かれると、即座に出稿してしまう。

不思議に思ってコツを聞いてみると、なんと「広報担当者を指導して、一般向けのリリースとは別に、記事の体裁に近い形で情報をまとめた自分向けのバージョンをつくってもらっている」ということだった。いわば広報を「教育」して記者にしてしまったのである。

さすがにこれはやりすぎだと思うのだが、実は重要な教訓も含んでいる。というのも、この先輩の担当企業が出すリリースは、「一般向けバージョン」のほうも情報の過不足がなく、取材対応も極めて的確だったからだ。

裏返せば、よいリリースをつくる第一歩は、自分たちの発表を元に、メディアがどんな報道をするかを正確に予想するということだろう。これは不祥事会見などの対応でも同じだが、事前に新聞に載るであろう記事を想像して書くことができる広報は最強だと思う。リリースや想定問答は、そこから逆算してつくればいいからだ。

こうした技術を身につけるのは難しそうだが、教材はいくらでもある。他社のリリースを読ん

図3　ニュース価値の3要素

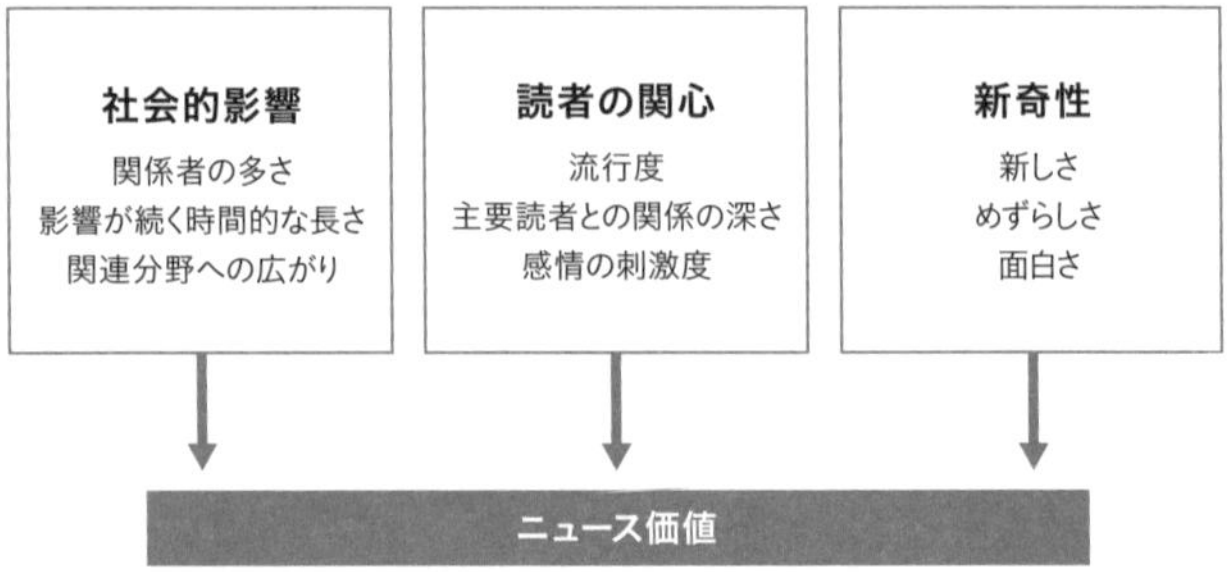

で、自分で新聞風の記事を書いてみればいいのだ。報道機関が実際に報じた記事で「答え合わせ」をすれば、記者がリリースのどんな部分に反応するのか、どんな書き方をするのかがわかるはずだ。

中小企業こそ新奇性を意識せよ

それには、記者が何にニュース価値を感じるかを正確に理解する必要がある。これは媒体によって異なるが、一般にニュース価値の判断で重視されるのは、「社会的影響」「読者の関心」「新奇性」の3要素である［図3］。

記者時代、中小企業の人から「なぜ大企業の発表ばかり記事になり、我々は無視されるのか」という恨み節を聞くことが多かった。気持ちはよくわかるのだが、例えばトヨタやパナソニックのよ

図4　リリースに盛り込む材料

要素	社会的影響	読者の関心	新奇性
例	利用者数 経済波及効果 関連分野の例	旬のキーワード 価格面などのメリット 目を引く写真	「世界初」「日本初」 「記録更新」「～年ぶり」 など

うな大企業の場合、それが既存商品のリニューアル程度の話であっても社会的な影響が大きい。その売れ行きは株価や雇用、場合によっては無数の取引先の業績などを通じ景気をも左右するからだ。新奇性（新しさ、めずらしさ、面白さ）が少々足りなくても、ニュース価値が高いのである。

裏返せば、中小企業がリリースを記事にさせるには、「読者の関心」「新奇性」の部分をしっかりアピールする必要がある。例えば、旬のネタを関連づければ、それだけで読者の関心は高くなる。もちろん、他に例がない取り組みや商品であれば新奇性をアピールできる「図4」。

例えば、新型コロナウイルス感染症のパンデミック（世界的大流行）の初期にマスクや医薬品が不足した際には、それらを増産したり、地元自治体に寄付をしたりしただけで中小企業でも記事になった。世の中が何に関心を持っているかを的確に把握し、リリースの際にうまく関連づけることができれば、中小企業にもメディア露出のチャンスはあるのだ。

宣伝リリースもネットで拾われる

リリースの作成にあたって、もうひとつ重要なポイントは、客観性を持たせることである。食品のリリースに、「この商品はおいしい」「まろやかな舌触りが人気」などと書いても、記者は無視するしかない。せめて「有名な国際大会で優勝した」「第三者機関のアンケートで高評価を得た」といった事実（ファクト）がなければ、記事には盛り込めないからだ。「宣伝」と「広報」の違いはこの点に最もよく表れる。

実は、大学などの実習準備でリリースを読んでいて、気づいたことがある。新聞やテレビなどの伝統的な報道機関の基準からすると宣伝臭がして使えない（事実、記事になっていない）リリースでも、一部のネットメディアは「てにをは」を変えただけで、ほぼそのまま記事として掲載しているのである。

最近は紙の新聞よりネットメディアに載るほうが、影響が大きいケースもあるだろう。リリースをほぼそのまま転載してくれるのなら、自社のキャッチフレーズやアピールポイントをそのまま並べる、広告のようなリリースのほうが合理的だと言えないこともない。

ただ、そうした状況に安住して、宣伝系のリリースばかりつくっていると、報道機関への掲載率は下がるだろう。新商品の案内ならそれでもいいだろうが、機構改革や不祥事のリリースまで同じ感覚で書いて、痛い目にあうケースも出てくるかもしれない。

もし、本格的な広報を目指すのであれば、リリースは「広報系」と「宣伝系」の2種類を用意すべきだろう。「広告」として読んでもらうバージョンは、一般ユーザーやネットメディアの目につく自社サイトにアップしておき、記者クラブなどに投げ込む「広報」バージョンは別に用意するのである。これは、広報体制がしっかりしている大企業では昔からやっていることだが、ネットの影響力の増大を考えると、こうした対応の必要性は高まっていくかもしれない。

「まとめモノ」で露出を狙うコツ

ニュースが少ない時期に登場する「まとめモノ」。

どのようにテーマが決まり、掲載にいたるのかを知ると、記者への売り込み方が見えてくる。

記者にとって最も重要なのは「スクープ」と「特オチの回避」だが、その次に求められる能力に、それほどニュース価値が高くないネタを寄せ集めて記事に仕立てる「企画力」がある。紙面や番組などの枠を埋めるには一定量の記事が必要で、ニュースが少ないときにはそれ以外の暇ネタが求められるからだ。

「まとめ」が掲載されるまで

どんな組織でも仕事をより好みする人は嫌われるが、報道機関でも「あいつは特ダネにつながる取材ばかりして日々の紙面に貢献していない」という評価が定着すると出世はできないものだ。そこで記者は、急なネタ枯れに備えて「まとめモノ」「傾向モノ」などと呼ばれる記事を用意する。例えば、「最近、○○が相次いで発売されている」「××を導入する企業が増えてきた」「若者の間で▲▲が人気だ」といった原稿を書いてストックしておくのだ。

こうしたネタは、「腐らない（日持ちする）」という利点がある。流行や傾向が続いている間であればいつでも使えるうえ、1社モノのネタに比べると「尺」が調節しやすいので重宝するのだ。

広報の側からすると、こうした記事にはチャンスとリスクの両面がある。前者は、単体としてはニュース価値が低い商品や取り組みでも、事例のひとつとして取り上げてもらえる可能性があるということだ。その一方、ポジティブな記事で紹介事例から漏れると記者にとっての「特オチ」のような形になり、広報としての評価を下げる恐れもある。

図5　まとめモノ掲載までの流れ

	記者の動き
事前調査	過去のリリース、ネットや記事データベースを活用
▼ 原稿案のとりまとめ	編集会議の前日、キャップに案を提出
▼ 編集会議	原稿案の修正と了承
▼ 取材・執筆	1週間以内で原稿を執筆
▼ 掲載	ニュースが少ない日などに記事化

編集会議で採用されると、そこで決まった企画内容で進むケースがほとんど。
記者がキャップに提出する前に提案するのが望ましい。

このタイプの記事で自社の商品などを取り上げてもらうには、どうすればいいだろう。まず、ニュース部門で「まとめモノ」が掲載されるまでの流れを押さえておきたい［図5］。これは筆者が所属していた日経の事例だが、おそらく他の新聞社や報道機関でもそれほど違いはないはずだ。

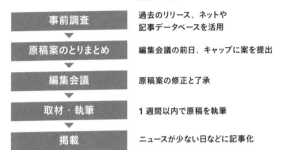

まとめモノの企画案は、週1回、デスクやキャップが参加する編集会議にかけられる。会議が開かれる曜日と時間は部によって異なるが、ほぼ固定されている。社外秘というわけでもないので、同業他社の広報や親しい記者にそれとなく尋ねれば、こうした情報は得られるはずだ。

会議の前日、キャップは部下から1週間以内に書けそうな記事の候補を聞き取って資料にまとめる。記者は事前に日時が確定している発表やイベントと一緒に、まとめモノのアイデアも提出する。ニュース価値が低いと判断されると、この段階でキャップに却下されることもある。

こうして取材チーム（記者クラブ単位であることが多い）ごとにまとめられた資料は、翌日の会議で報告され、デスクや部長などの意見も反映して修正・了承される。まとめモノの場合、記者が本格的な取材に入るのはこの手続きを経てからのことが多い。

もともと1週間以内に書けることを前提に案を提出しているので、取材は数日で終えるのが原則だ。ただし、掲載のタイミングは直前までわからない。すでに述べたようにニュースが少ない日を見計らって原稿を出すことになるので、ずるずると掲載が延びることも少なくない。

先手を打つことが重要

一連の流れの中で、広報が売り込みを図るべきタイミングは、記者がキャップに提出する原稿の案を考えている時期だろう。どんな事例を軸に記事を組み立てるかは、編集会議の資料をつくる段階である程度固まってしまうことが多いからだ。記者やデスクも組織人なので、企画案が会議で了承されれば、そこから構成を大幅に変更するのは難しくなる。

そこで、まとめモノの事例になりそうなネタがあれば、過去に出したリリースとは別に資料を用意し、記者に配っておくといい。例えば、コンクリートの裂け目をふさぐための充填《じゅうてん》剤や害虫駆除用の薬品、虫刺されを防げる衣服などの商品は、普段なら記事にはなりにくい。しかし、「強毒性のヒアリが拡散しつつある」というニュースに注目が集まれば、対策についてまとめた記事の事例になり得る。

そのことに気づくことができれば、過去にプレスリリースを出した時点では見向きもされなかったような商品でも、採用確率を高めることができる。「ヒアリに対しても効果がある」「自治体や企業が購入した」といった追加情報とともに、改めて記者に伝えるのだ。

ネガティブなニュースの場合はどうだろう。例えば自社を含む業界全体に関わる不祥事が発覚したとしよう。記者は事例を集めて記事が書けないか検討し始めると見たほうがいい。この場合は、取材に備えて自社の再発防止策をまとめておき、場合によっては先手を打って売り込むのも手だろう。こうした記事では必ず、「一方、他社は対策を急いでいる」といった情報を盛り込む。その「席」を事前に押さえておくわけだ。守りに入るよりも、積極的に情報提供したほうが、傷を小さくすることができる。

「企画ごと提案」は避けたい

実は、まとめモノを書くのは、ニュース部門の記者だけではない。新聞社には「生活部」などの名称がついた企画記事専門の部署があるし、テレビでも報道とは別に情報番組を手がける部署がある。手持ちのネタがある場合は、こうした部署にも売り込みを図ったほうが、取り上げられる確率は高まる。

こうした部署ではニュース部門と差別化を図るため、「商品選びのポイント」など個人向けのノウハウに焦点を当てることが多い。「消費者目線」を意識して情報提供すると効果的だ。

ニュース部門と違い1カ月前から企画の検討を始めることもあるので、広報側はかなり先まで読んで動く必要がある。筆者がこうした企画系の部署にいたころ、記事が出てから「実はわが社にもこういう商品があります」という情報提供を受けることが多かった。しかし、これではまったく意味がない。一度、特集をすれば、少なくとも数カ月は同じテーマは取り上げないからだ。そうした場合は、同業他社に持ち込むほうがまだましだろう。記事や番組が話題になった場合、他社が「追いかける」ことはよくある。その場合、事例まで丸ごと真似をすると格好がつかないので、必ず別の事例を探すものだからだ。

情報提供の際に避けたいのは、「企画案自体を売り込む」ことだ。記者は情報提供者に記事の内容を誘導されることを本能的に警戒する。たとえ優れた案であっても、記者がそのまま採用する可能性は低いし、反感を買ってしまうリスクのほうが高いだろう。

もちろん、ネタを適切なタイミングで売り込むには、「今ならこの媒体はどんな企画を立てるだろう」とシミュレーションすることが重要になる。しかし、その通りに記者に書かせようとすれば逆効果になりかねない。広報はあくまでも情報提供者として振る舞うのが無難だろう。

例えばプロの料理人に、調理法や盛り付けの仕方まで指図して魚を売り込めば、反発されるのが普通ではないだろうか。一方、旬の魚を「お造りの盛り合わせにいかがですか」と言って差し出せば、感謝されるだろう。これと同じで、記者との適切な距離感も売り込みを成功させるポイントなのだ。

記者のネタ集めの方法は？
〝暇ネタ〟を売り込むコツは「情報のハブ」を見定めること！

年度末からの忙しさが一段落し、「ネタ枯れ」になる時期は、ストレートニュース（雑報）にならないネタを取り上げてもらうチャンス。

記者の情報収集の方法から、情報の売り込み方を探る。

どの業界にもたいてい「夏枯れ」という言葉があるが、マスコミ業界も例外ではない。通常国会や役所の人事、株主総会などが一段落する7月ごろからお盆にかけて、政治・経済分野を中心に「ネタ枯れ」が起きるのである。こうした時期に紙面を埋めるには「暇ネタ」が必要になる。日がたつと腐ってしまう「生ネタ」ではなく、ニュースが少ない日に備えてストックしておける記事のニーズが高まるのだ。

「暇ネタ」は取材先探しから

記者が暇ネタを探している時期は、広報にとってはストレートニュースになりにくいネタを売り込むチャンスだ。例えば、自社が業界の先陣を切って始めた取り組みがあればアピールできる。また、女性活躍の事例として「女性初の○○」モノも取り上げられやすいし、地域に根づいた取り組みや、社会貢献活動などもさまざまな切り口から記事にできるので発信して損はない。

暇ネタや「まとめモノ」に必要な要素についてはこれまでも書いてきたので、ここでは記者がこうした記事を書くとき、どのように材料を探すのかに焦点を当ててみよう。

新聞記者の場合、「社会部」「政治部」「経済部」のように守備範囲はある程度決まっているが、「暇ネタ」となれば専門分野の知識を切り口に、普段関わりのない業界に取材をすることもある。また、連載企画の取材班に参加するときや、夕刊などのコラムがローテーションで割り振られたときも、土地勘のない分野を取材することになる。

これが「解説部」や「生活部」など読み物系の記事を書く部署、あるいはテレビや雑誌の記者ともなると、担当分野は相当広くなる。特定の企業や役所とつきあってネタを取るタイプの記者ではないので、テーマに応じて取材先を探すところから始めなければならないのだ。

記者に必要なのは人脈

こうした取材で重要になるのが、「書こうとしているテーマについて、詳しく知っている人を知っている」ことだ。筆者は新米記者だったころ、先輩からよく「我々にとって重要なのは専門知識より人脈だ。本や論文に当たる前に、まず人に話を聞きに行け」と言われた。「誰に聞けば適切な情報を得られるか」という知識こそが記者の財産だ、という考え方である。

だから記者は、土地勘のないテーマを取材するときは、まず手持ちの人脈を頼りに「事情通」を探す。例えば、同期入社でその分野を担当したことのある記者などに、「こういうテーマで取材をするが、まず誰に話を聞くといいだろうか」などと相談するのである。さらに、他メディアの過去記事をあさり、似たテーマの取材を受けている人を探すこともある。

どの業界にも、「この人に話を聞けば業界の動向がつかめる」とか「うわさ話はだいたいこの人に集まる」といったように、事情通として名が通った人物がいる。立場は業界団体の役員や、企業の広報などさまざまだが、記者にとってはそういうキーパーソンさえ探し当てられれば、取材の半分は終わったようなものだ。

こうした「情報流通のハブ（中心）」になっているのは、人物に限らない。大学やシンクタンクなどの研究機関、監督官庁などが情報を集約しているケースも多い。

例えば、「クールビズの最新事情」というテーマで記事を書く場合、「クールビズ」は特定の業界に限った話ではないので取材の糸口をつかみにくい。自分が知っている企業を片っ端から取材して回るのも非効率だ。

こういった場合、記者はたいてい日本総合研究所や大和総研などのシンクタンクや、環境省や経済産業省などの監督官庁に取材を申し込む。全体の動向だけでなく、面白い取り組みをしている企業や、他に話を聞くべき専門家を教えてもらえるからだ。

社会貢献や環境保護などの分野なら、銀行や証券会社が情報やデータを持っているケースもある。それらに熱心な企業を選んで投融資する目的で情報を集めているからだ。筆者は金融・証券担当が長かったので、日本政策投資銀行などの政府系金融機関や、銀行・証券会社などに書きたいテーマの全体像を聞きに行くことも多かった。

間接的な情報提供も大事

こうした記者の行動特性を考えると、「自社の担当記者にネタを売り込む」のとは別の戦略が見えてくる。自社の属する業界に加えて、〝環境対策〟や〝女性活用〟など対外発信したい分野

図6　間接的な情報提供とは

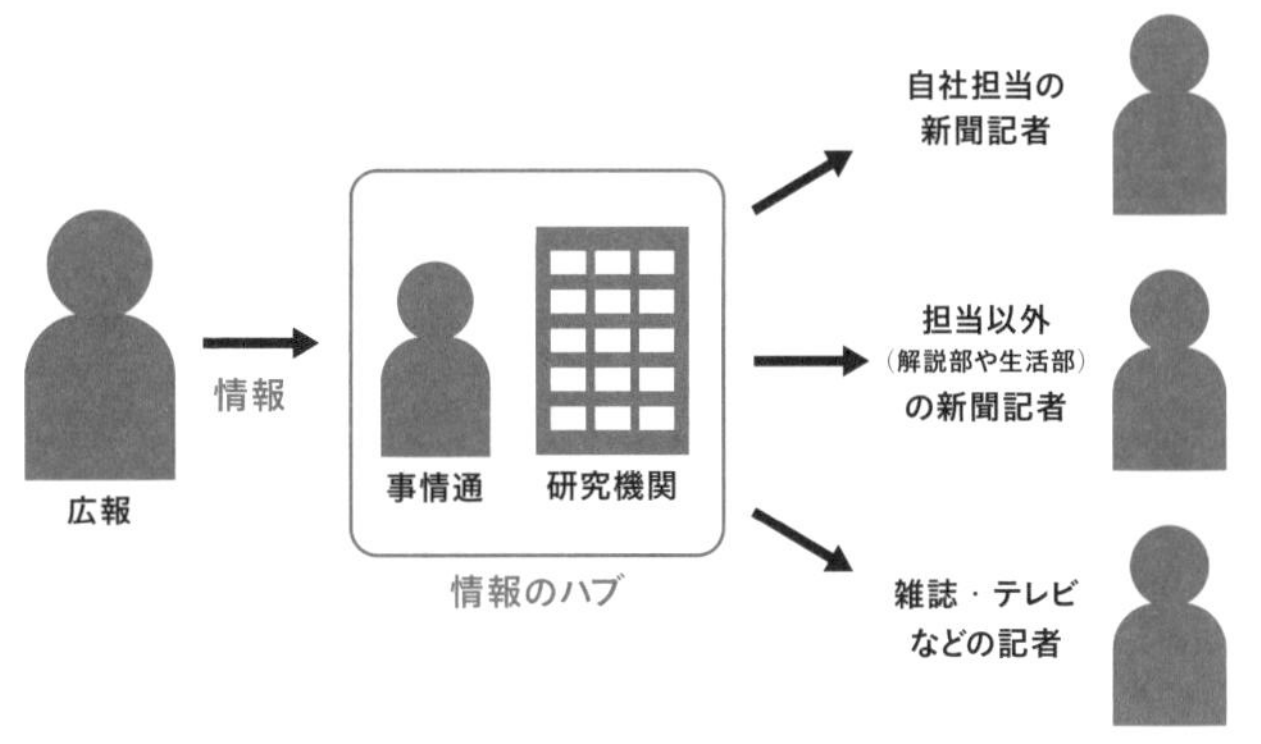

で情報のハブになっている人（機関）に情報提供するというやり方だ［図6］。

この方法のメリットは、普段つきあいのない記者にも間接的にアプローチできるという点にある。知り合いの記者に直接売り込む場合に比べて即効性はないものの、一度の情報提供で多様な媒体・分野の記者をターゲットにできるのである。

これを実行するには、まず「情報のハブ」を探す必要がある。とはいえ、業界で記者の知恵袋になっている人物を探し当てるのは容易だし、特定分野についてメディアで積極的に発言している専門家は、過去記事などを検索すればすぐにわかる。解説部や生活部などの記者に個別にネタを売り込んだり、水面下で動いている連載企画の取材メンバーを特定したりするよりずっと簡単だろう。

ハブになっている人間を見つけたら、個別に接触してメディアが興味を持ちそうな情報を提供していく。例えば、同じ業界の事情通が相手なら、勉強会やパーティーで同席したとき、雑談で自社の取り組みを話題にすればいい。時流に合わせた話題や、水面下で進んでいるプロジェクトの概要などは興味を持たれやすい。

もっと効果的なのは、自分自身が業界の情報を集め、事情通になることだ。業界内の人脈をつくり、業界全体の動きやトレンド、世に出る前の情報などを集める一方で、メディアとの緊密な関係も築くのだ。時間はかかるだろうが、情報の発信力は格段に高まる。

シンクタンクや大学の研究者の場合は、公表されている論文やリポートを読んで、「うちもこんな取り組みをしています」「こんなデータがあります」などと資料や情報を提供すればよい。研究者が記者の取材を受けた際、代表的な事例として紹介してもらえる確率が高まる。

大学の事例研究などに協力する方法もある。最近は文系・理系を問わず大学は産学連携に熱心だ。働き方改革や先端技術の開発、環境対策などの取り組みを企業で実地調査したいと考える研究者は多い。企業にとっても、その研究結果が論文や学会発表につながれば、情報は同じ分野の研究者に広く共有され、マスコミに取り上げられる可能性も高まるだろう。

ストレートニュース以外でよくメディアに登場する企業は、記者に直接ネタを売り込んでいるというより、こうしたルートを通じて間接的に情報発信をしているのである。

ネットでの情報収集、ネットは「事例探し」の道具
メディアを意識した発信を！

テレビや新聞などのメディアがウェブ展開に力を入れる中、現場の記者も、情報収集をネット検索に頼るようになった。

オウンドメディアでは、記者のSEO（検索エンジン最適化）対策が重要になっている。

ここ数年、新聞やテレビといったオールドメディアも「ウェブファースト」に向けて舵を切っている。テレビ朝日がサイバーエージェントとともに始めた「AbemaTV」や、日本経済新聞社が2017年の値上げの際に電子版をすえ置いたことは、その象徴だ。同時に取材の現場でも、ウェブを活用した情報収集や記事作成が当たり前になっている。コロナ禍以降、その動きはさらに加速した。

記者は「エピソード」を探す

メディアの経営体力が落ちて取材経費が削られる中、「まずはネットで検索」という記者が増

えている。本来、暇ネタや企画モノを書くときは、「足を使って」手がかりを得るのが記者のあるべき姿だ。しかし、働き方改革の影響で、メディア業界でも生産効率が重視されるようになった。なじみのない分野を取材するときには、とりあえずネットで情報を集めるという風景はもはやめずらしくない。

では、記者がネットで探している情報とはどのようなものだろうか。それは、人がからむ「エピソード」である。ニュースを淡々と伝える雑報と違い、企画モノやコラムなど「読ませる」記事を書くには、象徴的で面白い事例を盛り込む必要があるからである。

例えば「日経新聞」朝刊1面に、「スタートアップ大競争　都市は競う」（2018年5月16日付）という連載の〈下〉が掲載されていた。この記事の冒頭は、「ここはもはや遅れているよ」と、香港の企業の創業者が対岸の街を見ながらため息をつくシーンで始まる。その後、企業の話が展開される構成だ。

長めの記事では、このようにルポ風の描写から書き始めるのが「お約束」。日経新聞ではこの書き出しの部分を「冒頭のエピソード」と呼んでいるが、他の新聞やテレビ・雑誌の企画モノでもだいたい同じである。

そのような長めの記事をつくる場合は、記事の中盤でも、動きのある場面を描いたり誰かのコメントを引用したりして説得力を高めなければならない。読者として読むだけなら何ということもない部分だが、実はこうした場面に登場してくれる人を探すのは意外に大変なのである。

「ネット取材」の種をまく

筆者は新米記者のころ、1面の連載を担当していた先輩の取材対象者探しに協力したことがある。そのとき探していたのが「10代のころは暴走族だったが、不良を相手に磨いたコミュニケーション力が活きて、今はビジネスで大成功している無名の経営者」。ほとんど「ムチャぶり」で、当惑したことを覚えている。しかし実際、求められるのはこの手の事例なのだ（もちろん、そんな人物は見つけられなかった）。

企業や役所がテーマになっている企画なら、普段の取材の延長で探すこともできる。しかし、「子育て」とか「老後」といった生活関連の話題だと、人探しは困難を極める。正攻法は、自分の友人や取材先に「こんな事例を探しているのだが、身近に当てはまる人を知らないか」と聞いて回ることだ。この手の記事を専門としている記者の中には、専用のメーリングリストを使っている人もいた。

現在では、こうした取材対象者探しの場面でネット検索が使われることも多い。検索エンジンに条件を入力し、当てはまりそうな人が見つかったら取材を申し込むのだ。いつもうまくいくとは限らないが、知り合いに聞いて回るよりは効率的である。

こうした情報収集のための検索をしていて、企業の公式サイトや公式SNSに書かれている情報がヒットすると記者はホッとする。個人のブログやSNSの場合、書いてあることが本当かどうかを慎重に見極めなければならないからだ。取材の申し込みも個人相手になるので気をつかう。その点、企業が公式に紹介している人や事例なら信頼性は高いし、取材の交渉も広報を通じてできるため、スムーズに進行することができる。

つまり、企業がオウンドメディアを運用する際は、こういった「ネット取材」を意識したつくりにするとメディア露出の確率を上げることができるということだ。特に、大手メディアに商品やサービスを取り上げてもらうのが難しい中小・ベンチャー企業にとっては、「人」にスポットを当てた記事を狙うほうがハードルは低い。

メディア向けのSEO対策を

では、どのような情報を発信すれば記者の目にとまるだろう。自分が記者として企画記事の取材班に入ったと仮定して想像してみてほしい。メディアが特集を組みそうなテーマを想定し、そこで必要とされる具体的な事例を考えるのである。

新聞やテレビのニュースを見ていれば、「旬」の話題はわかるだろう。例えば裁量労働制をはじめとした働き方改革。関連法案の採択に合わせてメディアは周辺取材を進め、連載企画や特集を組んで報道している。

そうした取材をしている記者が、「裁量労働制で働いて成果をあげている人」を探すであろうことはすぐに想像がつく。これはメディアの政治的な立ち位置が裁量労働制に否定的か肯定的かとは無関係だ。肯定的なメディアはそうした成功例を紹介したがるし、否定的な場合も両論併記でバランスをとるための事例が必要となるからだ。

裁量労働制を導入している企業なら、自社サイトに過労死を防ぐ仕組みや社員のインタビューを載せたり、新しい取り組みや成果についてリリースを出したりすれば、下調べをしている記者のアンテナに引っかかる可能性が高い。その際、SEO対策では記者が検索しそうなキーワードを含めることが重要になる。「裁量労働制」は当然として、記者なら「成功事例」「具体例」「体験談」といったキーワードも入れるだろう。

社内報で社員インタビューを連載している企業は多いが、各部署の持ち回りで漫然と人選しているケースが目につく。これを「メディアが事例として興味を持ちそうな人」という基準で選べば、メディア対策を兼ねたコンテンツをつくることができる。例えば、インタビューの抜粋を自社サイトに転載してメディア向けのSEO対策を施すのである。記者が興味を持つのは必ずしもサービスや商品とは限らない。そうした目で自社の「資産」を見直せば、新しい広報戦略が見えてくるかもしれない。

第2章

売り込みするには相手を知れ！

スクープ競争の仕組みを理解せよ！「抜いた」「抜かれた」が記者を動かす！

「週刊新潮」（2017年5月25日号）が、ライバルである「週刊文春」に掲載内容を発行前に盗み見られていた、と訴える記事を掲載した。文春側が出版取次から発売日前に中づり広告を見せてもらい新潮側のスクープをつぶしていたのではないか、という趣旨だ。企業の情報管理の問題や、文春側の反論はさておき、週刊誌が水面下でここまで熾烈《しれつ》な情報戦を繰り広げていることに驚いた人も多かったかもしれない。

しかし、週刊誌に限らず、テレビや新聞などニュースを扱う媒体で働いている記者は、みんな「それくらいのことはやっていてもおかしくないな」と感じたはずである。記者を取材に駆り立てる最大の原動力が、スクープ競争だからだ。

ライバル社の動向が気になる

スクープとは、❶1社が単独で、❷重要ニュースを、❸最初に報じる——ことを指す。「特報」「特ダネ」と呼ばれることもある。ニュース業界では、このスクープが取れるかどうかが、記者を評価するうえで最も重要な基準とされてきた。「わかりやすい文章を書く」「面白い記事を書く」といった評価軸もないわけではないが、「誰も報じていないことを最初に書く」ことが圧倒的に重視されてきたのだ。

これは新聞などのニュース媒体を商品として捉えた場合、スクープを掲載することが最も手っ取り早い差別化の手段だったからだろう。インターネットの普及によって紙媒体が「早く」報じる意味は年々、薄れている。しかし、スクープ主義は人事評価などに深く組み込まれているので、そう簡単に変わらないのである。

さて、スクープが「得点」だとしたら、「失点」はスクープを抜かれることである。当たり前のようだが、この点は非常に重要だ。新聞記者にとっては特にそうだが、取材活動をするとき頭の中を占めているのは、「スクープをとりたい」という以上に、「他社に抜かれたくない」という意識だからだ。

中でも記者が恐れるのが「特オチ」である。これは「特ダネ」の逆で、複数のライバル社が報じているニュースを、自社だけ「落とす」事態である。新聞社なら、特オチが続けば「才能がない」「努力が足りない」とみなされ、担当を外されたり、記者職を追われたりする。みんなこんな目にはあいたくないので、他社に抜かれないように必死になるのである。

だから記者は、「どこにネタが転がっているか」だけでなく、「他社がどんなネタを追いかけているか」「どこまで核心に迫っているか」を熱心に取材する。あるネタを追いかけている途中、ライバルが追いつきそうだという情報があれば、「生煮え」でも報じる必要があるからだ。

広報担当を長くやっていると、記者が雑談でライバル社の動きをそれとなく探っていることに気づくだろう。「○○記者と、最近メシ食いましたか？」などと聞いてくるときは、警戒モードに入っているのかもしれない。逆に、「最近、暇で……」などとぼやいているときは、広報を通じてその発言をライバルに流し、大ネタに迫りつつあることをカムフラージュするのが狙いかもしれない。文春と新潮も水面下でそうした情報戦を繰り広げているはずだ。

共同・時事の扱いが基準に

こうした記者の行動原理は、広報が大きく報じてほしいネタをどう売り込むかや、逆に不祥事などの際にどうすれば「炎上」を避けられるかを考える手がかりになる。

例えば、新しい商品やサービスを投入するとき、プレスリリースの形で一斉に流すのと、1社だけにリークするのとでは記者の反応は違ってくる。前者の場合、記者にとっては「同着」になるので、得点にはならない。ただし、ライバル社がみんな書いたのに、自社だけスルーすれば一種の「特オチ」になり、上司から「お前の価値判断はおかしいのではないか」と言われる懸念が出てくる。

新聞の場合、同着ネタを書くか書かないかの判断を左右する要素に通信社がある。例えば、日経の場合は共同通信と時事通信を利用しており、記者端末を操作すると配信記事が見られるようになっている。通信社の利用状況は社によって異なるが、他社も同じ配信を見ている前提で取材・執筆をすることになる。

このため共同通信や時事通信が記事を配信すれば、「書かなければ特オチになるかも」という不安を感じるのだ。これは記者だけではなく、その上にいるデスクも同じである。記者時代、リリースを処理しないという判断を伝えた後に通信社が記事を流すと、デスクから「大丈夫なのか」と言われることが多かった。広報側からすれば、リリース後、なるべく早く通信社に記事を配信させることが優先課題になるということだ。

リークも基本的には同じ記者心理を利用している。ときどき、「おいしいネタをあげるのだから感謝してください」という態度の広報がいるが、少し感覚がずれている。本当に大ニュースなら感謝もするが、広報からリークするネタに「スクープ」といえるほどの価値がある例はまれだろう。記者からすると、「他紙に抜かれるよりはマシ」「邪険にすると次のネタは他紙に行くかもしれない」という防衛意識で受け取っているのである。

リークには副作用もある。抜かれた記者からすれば、上司に対し「あれは大したネタではない」とアピールする動機が生じるからだ。リリースを出しても無視したり小さく扱ったりすることになる。広報担当者に対する不信感を生む可能性もあるだろう。だからリークは、「特定の媒体にとっては重要だが、他社は無視するようなネタ」に限るのが理想だ。

隠すことで記者魂に火がつく

不祥事が発覚した際の危機管理でも、こうした記者の心理を理解しておかなければ無用な炎上を招く。よく目にするのが、ネガティブ情報を隠そうとした結果、逆に報道合戦に火をつけてしまうケースだ。

不祥事の発生は企業にとっての一大事だろうが、実は担当記者にとっても同じだ。関連するスクープを取るチャンスの到来と、「特オチ」リスクの増大を意味するからだ。いわば正念場なのである。

広報としては、内部調査などで新たなネガティブ情報が出てきたとき、詳細がわかり、広報態勢が整うまで伏せておきたくなるだろう。しかしこれは危険な判断だ。記者からすれば、そうしたネタを抜けるかどうかがこれからの記者人生を左右するからである。記者はあらゆる手段を使って取材するし、もし他社に抜かれたら、他のネタで「抜き返す」ことを求められる。報道がヒートアップしていくのである。

しかし、わかった時点で発表してしまえば、記者にとっては書いても「同着」にしかならず、ネタの価値は下がる。「この組織は、わかったことは全部出してしまう」と思えば、取材する意欲も下がるのだ。

こうしたスクープ競争は、基本的には新聞、テレビ、週刊誌といった媒体ごとに繰り広げられている。例えば、新聞記者は「テレビに抜かれた」「週刊誌に抜かれた」という感覚はあまり持たない。ライバル意識は、締め切りを共有し、お互いに顔を知っている範囲で育つということだろう。ただし、NHKについては、民放テレビより新聞社と競合する部分が大きい。

競合はしていないものの、記者は他媒体には注意を払っているものだ。例えばテレビの記者は新聞や週刊誌をよく読んでいて、記事が「画になる（映像映えする）」と思えば、そのネタを追いかける傾向がある。ライバル意識がないだけに、先を越されてもあえて小さく扱う動機がないのである。こうした相互関係をつかんでおくと、まずどの媒体に情報を流すかといった戦略を練りやすくなるだろう。

ネタはいつ売り込めばいいのか？
採否も扱いの大きさもタイミング次第！

1日に報じられるニュースの量が限られている以上、ネタが少ない時期のほうが売り込みは成功しやすい。

記者の手がすくタイミングを狙うことも重要だ。

夏休みになると、テレビや新聞で高校野球の話題を目にする機会が増える。母校や、故郷の代表校の活躍に一喜一憂している人も多いだろう。1915（大正4）年に始まるこのスポーツ大会はすっかり国民的行事として根づいている。

これを第1回から主催してきたのが朝日新聞社であることは周知の通りだ。テレビ中継を見ていると、社名やロゴマークがたびたび映し出されるから、大きな広告効果を生んでいることは想像に難くない。

ただ、新聞社が100年にわたって夏休みシーズンに野球大会を主催してきたもうひとつの狙いについては、それほど知られていない。実は、新聞社にとっては「夏枯れ対策」という側面があるのである。

ニュースが少ない時期を狙う

夏枯れといえば、商売をしている人にとってはおなじみの現象だろう。毎年、お盆のころになると消費は細る。暑くなって出歩く人が減ったり、工場などが夏休みに入ったりして経済活動が停滞するからだ。

これに似た現象は、新聞やテレビなどのニュース業界でも「ネタ枯れ」という形で起きる。経済ネタは前記と同じ理由で減ってくるし、政治ネタも選挙がある年を除けば国会が閉会中なのであまり出てこない。新聞はお盆の期間だけページ数を減らすなどの対策をとるが、それでも紙面を埋めるのはなかなか大変なのである。

そこで、「ニュースがないなら、自分でつくればいいじゃない」という発想が出てくる。実際、テレビや新聞のニュースをよく観察すると、ネタが枯れそうな時期に自社主催のスポーツ大会や文化事業を巧みにはめ込んでいることがわかるだろう。

もちろん、報道機関がネタをどれだけ大きく取り上げるかは、ニュース価値によって決まる。しかし、「扱い」の大きさを左右する要素はそれだけではない。「報道機関の事情」も関わってくるのだ。その最たるものがニュースの量と、それを報じる「枠」との需給バランスなのである

図7　ニュースの「扱い」

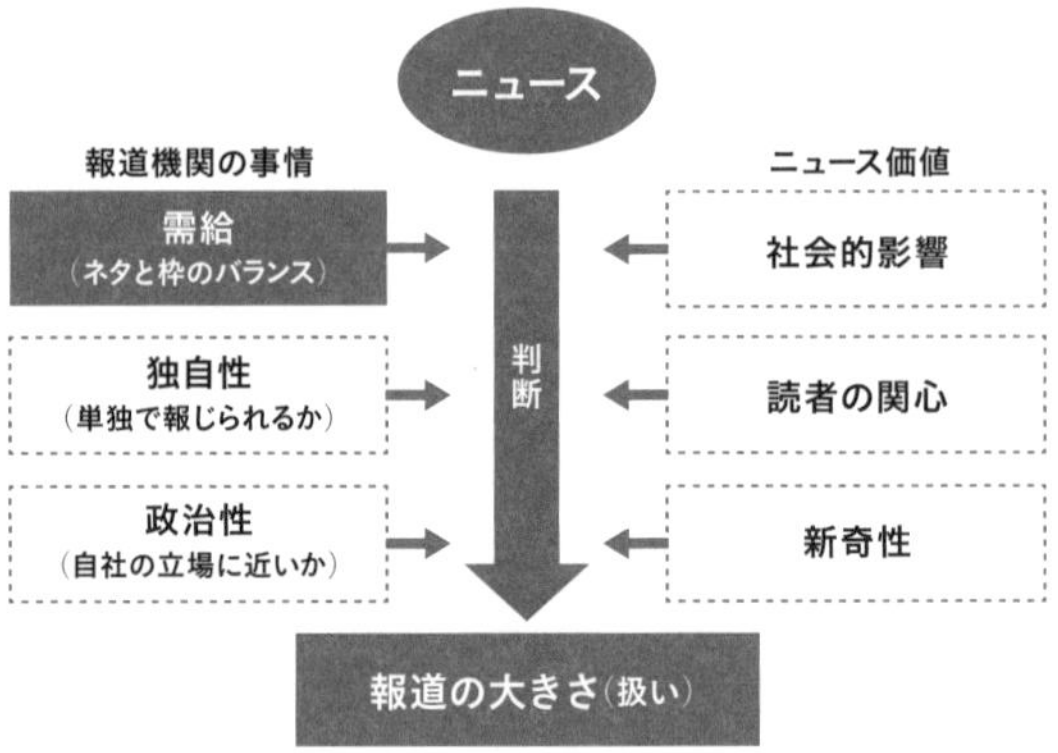

［図7］。

一般に、新聞にしてもテレビにしても、1日に報じることができるニュースの量はほぼ一定である。しかし、ニュースの側はそうした都合を「忖度」して発生してくれはしない。ネタが少なすぎて枠を埋めるのに苦労する日もあれば、政治・経済・社会の各分野で一斉に大事件が起き、枠内に収めるのに苦労する日もある。言いかえれば、ニュースが少ない日には、価値が低いネタでも大きく扱われるし、多い日には価値に比べて扱いは小さくなるのである。

広報担当者が記者にネタを売り込む際には、こうした需給を押さえておく必要がある。せっかく価値が高いネタでも、大ニュースが続発している時期だと扱いが小さくなったり、場合によってはボツになったりするからだ。

忙しい時間帯の接触は避ける

では、どんな時期にネタ枯れが起きるのだろうか。一般には、先に挙げたお盆の時期や年末年始である。これらの1カ月ほど前から、記者はいつでも掲載できる「腐らないネタ」を仕込み始めることが多い。発表日に縛りがないネタをリークするなら、こうした時期を狙うといいだろう。

ネタ枯れの時期には「まとめモノ」「傾向モノ」を想定した売り込みもしやすくなる。1本で大きな紙面や番組の尺を埋められるからだ。例えば経済担当記者であれば、最近の商品や経営に関する流行や傾向をまとめて記事に仕立てるのである。発表済みで、1社単独では記事になりにくい商品や取り組みであっても、事例のひとつとして取り上げられるチャンスが出てくるわけだ。

ただし、「暇ネタ」でも大きく扱われる時期は、分野によって異なるので注意が必要だ。政治部であれば国会開会中や選挙中、経済部なら企業の決算発表の前後にネタが増えるが、こうした繁忙期の「谷間」が売り込みの狙い目になる。

ニュースの需給とも関連するが、ネタを売り込む際には記者の繁閑《はんかん》も考慮したほうがいい。記者はたいてい忙しいので、大きなニュースを追っている時期や、締め切りに追われている時間などに「暇ネタ」を売り込まれると、邪険に扱う人が多いからだ。

これもケース・バイ・ケースなので一概にはいえないが、とりあえず避けたほうがいいのは原稿を執筆している可能性が高い時間帯だ。例えば新聞記者であれば、朝刊向けの原稿を書き始め

図8　経済記者の1日のスケジュール

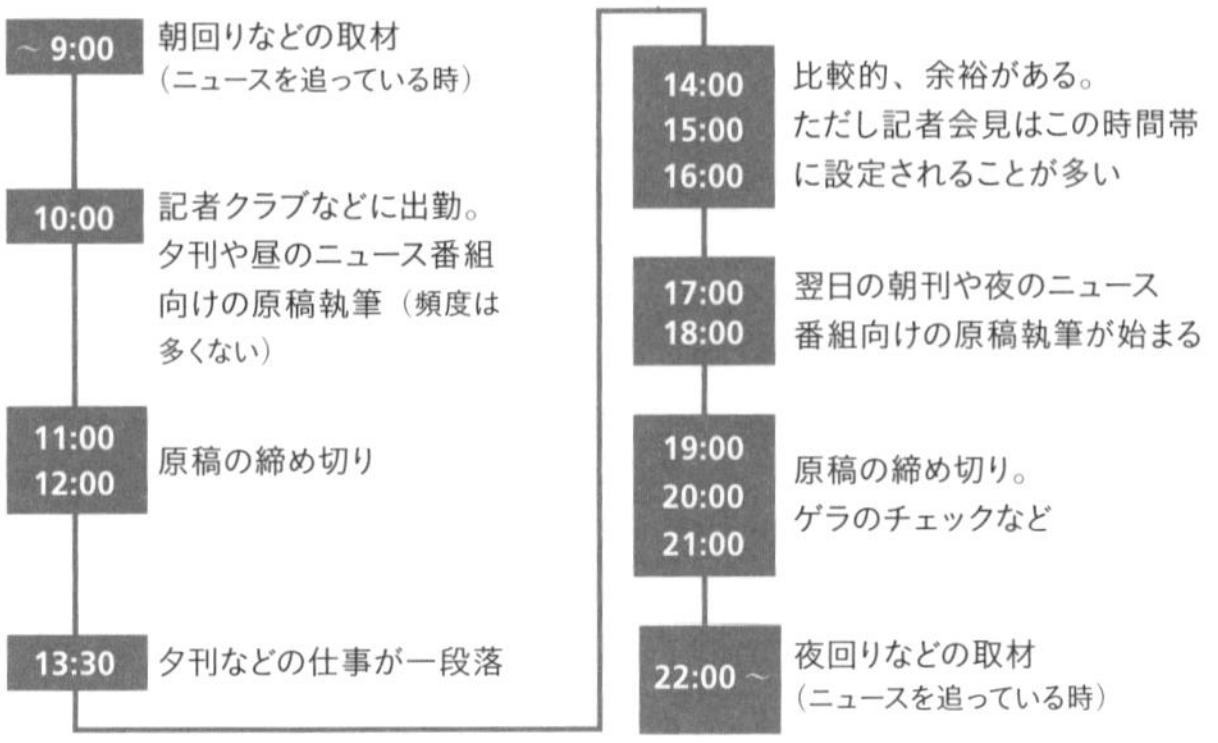

る17時ごろから忙しくなることが多い。最近は「働き方改革」の影響で締め切りが前倒しされ、16時ごろから原稿を書き始めなければならないケースも出てきたようだ。原稿を抱えていると執筆やゲラ（校正紙）のチェックなどで20～21時ごろまでは拘束される。その後も「夜回り（夜討ち）」と呼ばれる取材に出かけることが多いから、夕方以降は接触する際、気をつけたほうがいい［図8］。

言いかえれば、それより前で夕刊の仕事も一段落している14～16時くらいまでは比較的「安全」だといえるだろう。ただ、記者の側もこうした時間帯に取材を入れることが多いので、記者クラブなどで捕まえることができるかどうかは別問題である。

記者に会って「取材」すべし

ここでは一般論を述べてきたが、ネタの需給や記者の繁閑をめぐる周期性は、担当分野や記者の社内での役割によって異なる。広報担当者にとって一番重要なのは、日ごろ向き合う記者がどんなスケジュール感で仕事をしているかだろう。これについては、個別に「取材」して感触を得るしかない。

具体的にはどうすればいいのか。まずは、足元の報道を注意深く観察することだ。新聞やテレビを見ていて、「これって本当にニュースなの?」と感じるようなネタが目につく時期はチャンスだと思っていい。縮刷版などをチェックして過去の傾向を探れば「季節性」もわかるかもしれない。

そのうえで、どんなつまらない内容でもいいので、プレスリリースを持って記者クラブを訪ねてみるといい。リリースの機会が少ない企業の担当者には心理的ハードルが高いようだが、「投げ込み」を利用した偵察は広報業務の基本だ。どうせ記事にならないからとFAXやメールで済ます人が増えているが、情報収集の貴重な機会を逃しているといえる。

例えば、時間帯を変えて訪問すれば自社の担当記者たちがどんなスケジュールで仕事をしているかが見えてくる。暇そうにしている記者とは名刺交換して雑談すれば、取材やネタの売り込みの糸口がつかめるかもしれない。

繰り返し訪問すれば顔も覚えてもらえるし、つきあいのよい記者が見つかるかもしれない。そうした「ネタ元」を確保することさえできれば、記者がどんな時期にどんな情報を必要としているかは簡単に聞き出せるはずだ。

掲載面を意識した発信、「面」ごとの性格に合わせてエピソードを掘り起こせ！

時代の節目はメディア露出のチャンス。

回顧ネタも、記者の担当を把握すれば掲載確度が一気に高まる。

２０１９年5月から元号が平成から令和に替わった。２０００年前後にも「ミレニアム」ブームが起きた。こうした時代の節目には、いつもと違った観点からネタを探すようになる。これは改元ほど大きな時代の転換点でなくても、「●●事件から10年」「●●開通30周年」「●●サービス開始から1年」といった「記念日」の報道にも共通する。こうした時期は広報の側にとっては、ニュース価値がないとあきらめていた「古いネタ」や「小さなネタ」を記者に売り込む、またとないチャンスだ。

記念日にからむ露出を狙う

一般に、記者がニュース価値を認めるのは「NEWS＝新しいこと」である。しかし、紙面には回顧企画のような読み物系の記事（長尺モノともいう）もある。こうした記事を書く際には古いエピソードを発掘しなければならない。つまり時代の節目には、関連する印象的な話であれば、ニュースにはならないネタも価値を持つのだ。もちろん、その中に「今（＝NEWS）とつながる要素」が含まれていればもっとよい。

例えば、記者は改元に向けて「今だから明かせる経済危機時のドラマ」など平成を振り返るテーマで語ってくれる人を、苦労して探すことになった。こうした現場のエピソードは、生々しくて面白ければ、大企業や有名経営者の話でなくても取り上げられる可能性がある。歴史のないベンチャーでも、トップの前職での経験や、起業を決意するきっかけがあれば参入の余地が出てくるわけだ。

つまり、特集の取材が本格化する前に自社に眠るネタを「棚卸し」し、記者との雑談などでそれとなく語っておけば食いついてくる可能性がある。例えば、広報誌で「わが社の平成十大ニュース」「平成、あの日、あのとき」などといった企画を立て、一般社員やOBから公募する手がある。この機会に社史を読み返したり、編さんしたりしてもいいだろう。

1989年の新聞にヒントあり

「そもそも何がネタになるのか」については、新聞の縮刷版が手がかりになる。ここでは昭和から平成への転換点を振り返ってみよう。

平成がスタートした1989年の縮刷版を見ると、「日経新聞」は1月8日から「激動の昭和物価史（上・中・下）」や「証言　昭和史（①〜⑩）」、朝日新聞も1月9日から「『昭和』そのとき（1〜9）」を連載している。こうした企画に、どんなエピソードが盛り込まれているかを分析すると記者が注目するポイントが見えてくる。

改めて気づかされることも多い。例えば、同年の紙面には、「ゆとり」というキーワードが頻出する。実は、過労死の発生などをきっかけに高まった「働きすぎ批判」を受けて、役所や大企業で週休2日制が導入され始めたのがこの年だったのだ。

実際、1月14日付の朝日新聞夕刊の記事「それぞれに『ゆとり元年』」は中央官庁で第2、第4土曜日を休みにする取り組みが始まったことによって広がった波紋を報じている。「働き方改革」が30年たってリバイバルしているという「NEWS」につながる切り口や、「そのころ自社では何が起きたのか」というエピソードの発掘につながる気づきが得られるわけだ。

どのネタをどの部に売り込むか

縮刷版を読むときは、記事が「どの面に載っているか」も意識したい。これは普段のニュースを売り込む際にも重要な視点だ。

新聞やテレビといったメディアは、基本的には「タテ割り」組織である。自分が所属する部署の利権を守るために他の部署と競ったり、同じ社内でも部署によってまったく違う文化を持っていたりする。

縮刷版で89年の「昭和回顧」企画を探すと、同じ新聞でも面によって切り口の違うシリーズが並行して掲載されていたことがわかる。人物に焦点を当てた「証言モノ」に絞っても、経済面では財界人、政治面では政治家、社会面では警察関係者や文化人に加えて市井の人々が登場する。これは、各面を担当しているのが経済部、政治部、社会部の記者だからだ。

この「縄張り」を超えるのは案外、難しい。「どのネタをどの部に売り込むか」を的確に判断するには、面（つまり部）ごとの性格の違いを理解しておく必要があるのだ。

これに対し、1面や総合面（1面に続く数ページ）の企画では、取材班を各部横断で立ち上げることが多い。こうした企画にエピソードを売り込むには、どんな取材班が立ち上がっており、それぞれの部から誰が参加しているかを事前につかむ必要がある。

年間を通じて連載されるような大型企画なら、連載の節目に出てくるメンバーの署名を見ると、接触すべき記者がわかる。ただ、そうした署名は最終回に載るので、先手を打つには親しい記者などを通じ、自分自身で情報収集する必要がある。

そこまで積極的に動くノウハウや人脈がない場合は、自社サイトに企画としてトップの回顧インタビューなどを載せる方法も有効だ。昨今は各メディアの取材現場でも人手不足が深刻化しており、記者が下調べをネット検索に頼る例が増えているからだ。

同じ理由で、一般紙やテレビほどハードルが高くない、業界紙に売り込む方法もある。業界紙に掲載された記事が「日経テレコン21」などのデータベースに収録されれば、マスメディアの記者が検索して見つけることも往々にしてある。筆者の経験では、自社の地方面に載った小さな記事を手がかりに取材したことも少なくなかった。手近なところから露出度を高めることも重要なのである。

会話が弾むネタとは？
記者とのコミュニケーションは「人事情報」が武器になる！

4月の年度替わりを前に記者が気にかけているのは社内外の人事。話題に出すことで信頼される広報になる。

書店の新刊・話題書コーナーを見ていて気づくのが「雑談力」などのコミュニケーション技術を指南する本の多さだ。ビジネスの現場で、会話に悩んでいる人が多いことの裏返しだろう。

実は、広報担当者向けの講演でも「記者とのコミュニケーションが大切だ」と話すと「会食などの際、記者の方とはどんな話をすればいいのでしょう」と聞かれることがある。確かに、良好な人間関係を構築したい相手に対して、自社商品の説明ばかりだと話は弾まないし、ジャーナリズムについて議論するというのも堅苦しいだろう。記者と雑談する際、どんな話題がふさわしいのだろう。

頼れるのは「人事」ネタ

初心者はもちろん、ベテラン広報パーソンでも何も話題が思いつかないときに頼れるのが「人事」ネタだ。特に年度替わりの時期には盛り上がる。

人事情報への食いつきの良さは、官民問わず、組織人であれば誰でも思い当たることだろう。多くのビジネスパーソンにとって、飲み会で最後に行きつくのは「次の社長は誰か」「なぜあいつが出世するんだ」といったグチも含む人事ネタだからだ。これは記者の世界もまったく同じだ。

もっとも、記者が人事ネタを好むのは単純に〝組織人だから〟というだけではなく、職業病の側面もある。記者にとって「トップ交代」を中心とする人事取材で成果をあげられるかどうかは、かなり重要な評価基準になっているからだ。言いかえれば、人事ネタを抜けない（もしくは抜かれてばかりの）記者は出世できない。結果として、自社内も含めた人事情報には敏感になるのだ。

「トップ交代」は共通の関心事

記者が追いかける「スクープ」でどんなネタが重要になるかは部署によってまちまちだ。社会部なら警察の強制捜査や逮捕を事前に報じることが求められるし、政治部なら解散総選挙の時期、経済部ならM＆A（企業の合併・買収）などが焦点になるだろう。

ただ、自分が取材している組織のトップ人事だけは、あらゆる部に共通する「負けられないネタ」だ。他社からの「抜かれ」を警戒するのはもちろんだが、同じ部署内の記者同士でも「抜いた・抜かれた」がある。同じ組織を取材している中で、より多く人事情報を集めることのできる記者は評価されるからだ。

例えば、私が入社して初めて配属されたのは、経済の解説記事を書くという「抜いた・抜かれた」とはあまり縁のない部署だった。そんな部でさえ、担当するシンクタンクのトップ人事だけは重要な関心事とされていた。

「組織のトップ交代をすっぱ抜くことに、どれだけの価値があるのか」と疑問に思う人もいるかもしれない。実際、人事ニュースはかなり関心の高いものでも新聞の中面（1面以外の経済面、政治面など）の段モノ（面の中で3番手以下、見出しが2段以上の記事）扱いで、ベタ記事の場合も少なくない。つまり、トップ記事になることはほとんどないのだ。それでも記者の能力を測る物差しとされているのは、やはり組織は人事で動いているという現実があるからだろう。

人事を分析することは、その企業や団体を理解することと同義と言ってもいい。誰が組織を動かしているのか、何に力を入れているのか、どっちの方向に進もうとしているのかは、すべて人事に表れるからだ。この点は、規模が小さく人材の流動性が高いベンチャー企業しか経験したことがない人にはピンとこないかもしれない。その場合は城山三郎の小説『官僚たちの夏』（新潮社刊）を読むといいだろう。

人選の背景まで解説する

もちろん、記者の関心はトップ交代の有無や人選にはとどまらない。事前に知っても記事にはならない幹部の異動や組織内での下馬評など、組織の力学に関係することなら何でも耳に入れたいと思うのが記者の性。むしろ「この部署を経験すると社長コース」「現在の専務がポスト争いから外れたと思われている理由」など、人事を理解するための背景こそが重要だ。「神は細部に宿る」のである。ようするに、こうした的確な分析を披露してくれる広報は、記者にとって一級のネタ元なのである。

話題にする組織は、自社に限る必要はない。中小企業の場合、記者はトップの交代を知っても記事にならないのであまり関心を持たないだろう。そういった場合は、自社が所属する業界団体や監督官庁、取引先の大企業などを話題にすればいい。

例えば、新聞に載った人事について「○○さんが会長に退かれるようですね」などと切り出す。ただし、スクープによって表面化した場合は、相手が「抜かれた側」かどうかを確認してからでなければ虎の尾を踏むことになりかねないので注意。逆に抜いた側なら「お見事でしたね」などと持ち上げれば、話が弾むだろう。

テクニック的な話にはなるが、さらに記者と深い関係を築きたければ、日ごろからコツコツ人事情報を集めておくのも手。主要紙や業界紙はもちろん、「FACTA」「選択」「THEMIS」など記者がよく読んでいる雑誌もチェックしておいたほうがいい。その上で、社内や業界関係者などを「取材」し、うわさ話の真偽や背景まで解説できるようになれば、情報通として記者から重宝され、影響力も高まるはずだ。

加えて、意外と重要なのがマスコミ業界の人事。新聞社やテレビ局のトップや主要ポストはもちろんのこと、担当者が属する記者クラブ内の異動などは記者にとって最も身近な話題だ。「御社の来年度の陣容はどうなりそうですか？」「ライバル社の○○さんは別のクラブに異動されるようですね」といった話から始めてみるのもいい。

大企業の広報なら、マスコミの幹部と会食をする機会も多いだろう。そういった場で仕入れた人事情報は、現場の記者と話すときの格好のネタになる。事実、私がつきあってきた広報担当者は、我々より日経新聞の内部事情に詳しい人がたくさんいた。自分自身にそういう機会がない場合は、自社の幹部や他社の広報と人脈を築いて情報を仕入れておくといいだろう。

記者クラブを取材する！情報が武器になるのは記者も広報も同じ！

記者の取材拠点である「記者クラブ」は、広報にとっても重要な取材の場といえる。情報をどう集め、どう活かすべきか。

上場企業の広報は、決算発表の時期になると記者クラブに行く機会が増える。そうした機会でもない限りクラブには足を運ばないという人も多いと聞く。まして、マスコミにたたかれたり、高圧的な記者の取材を受けたりした経験があれば、ハードルが高いと感じるだろう。

これは、多くの広報にとってクラブが「情報発信の場」だと認識されているからだろう。記者が取り上げたくなるような情報を持っていない限り、クラブを訪ねるのは無意味だと感じるわけだ。もちろんそれは一面の真理だが、もうひとつ重要な側面があることを見落としている。実は、広報にとってもクラブは「取材拠点」だという事実だ。実は、この意識を持っているかどうかで、記者にとっての広報の評価・位置づけも決定的に違ってくる。

公開していない情報を得る

良いか悪いかは脇に置くとして、日本の大手マスコミの報道体制は、記者クラブを中心に成り立っている。例えば記者の人事も、クラブと密接に結びついている。スクープ競争での成果が記者の社内評価を左右するという話はこれまでも書いてきたが、この「ゲーム」はクラブ単位で行われているからだ。

記者クラブは大きなものになると1社で10人前後が所属している。しかし、特定の会社の担当に限ると、そのうち1～3人にすぎない。全国紙5社＋NHKでも6～18人だ。言いかえると、ある企業やテーマをめぐる報道合戦は、こうした極めて小さい集団の中で繰り広げられている。企業によってはクラブに所属する記者5～6人の間で働く力学が、社運を左右する可能性もある

図9　記者クラブにある情報

種類	例	入手先	入手の難易度
1 公開情報	クラブの住所、連絡先、発表ルール	幹事社、受付、同業の広報	低
2 一般情報	クラブのしきたり、記者の人間関係、記者の能力	記者、同業の広報	中
3 秘密情報	記者がスクープを狙っているネタ	記者、監督官庁など	高

ということだ。にもかかわらず、商品や決算の発表がないと近づかないというのは、リスク管理上も問題である。

では、どうすれば記者クラブを攻略できるのだろう。ここで重要なのが「記者クラブを取材する」という発想の転換だ。広報が記者やクラブを取材するノウハウは、基本的には記者が広報や企業を取材するのと違わない。ただ、取材手法について説明した本はあまりないので、広報向けにアレンジして紹介しておこう。

取材で得る情報は、❶公開情報、❷一般情報、❸秘密情報――の3つに分けられる［図9］。

公開情報とは、ホームページなどを通じて誰でも得られるもので、企業ならプレスリリースなどで自ら発信している。記者クラブの場合は、連絡先の電話番号やリリースを投げ込む際のルール、加盟社などの情報がこれにあたる。

この逆が❸で、企業なら発表前のトップ人事や進行中の製品開発についての情報にあたる。記者の場合、「どんな特ダネを書こうとしているか」や「特ダネのネタ元（ディープスロート）」が代表的な秘密情報である。

これらの中間にあるのが❷の一般情報だ。秘密ではないが公開もしていないので、現地に足を運んだり、人から聞いたりしなければ手に入らない。例えば、企業なら「どの部署に配属されるのがエリートコースか」「社内の下馬評では次期社長は誰が有力か」「業界で勝ち組とされている社はどこか」などが一般情報にあたる。記者クラブで重要な一般情報は、「ホワイトボードに書かれている他社の発表スケジュール」「明文化されていないクラブや記者業界のしきたり」「クラブ員同士の人間関係」「個別の記者の能力、経歴」などになる。

波長の合う記者を見つける

3つの情報のうち、収集に最も力を入れるべきなのは、この一般情報である。❶は広報でなくても簡単に手に入るし、❸は最も価値があるものの入手が難しく、費用対効果が悪すぎる。これに対し❷は、❶に比べ入手に手間がかかるが、その分、希少性や付加価値が高い。所属する組織の中では広報だけがアクセスできる情報でもある。自社製品を「いつ」「誰に」「どのように」売り込むか、といった広報戦略を立てる際にも欠かせない。

一般情報が重要なのは記者も同じだ。センスのない記者は、スクープを取ろうと秘密情報ばかり探す。いきなり社長に夜回りをかけて「●●について教えてください」と聞いてしまうのだ。しかし、組織のトップが秘密をペラペラしゃべるわけがない。一方、横着な記者になると公開情報だけで記事を書こうとする。ネットが普及してからはこういうタイプが増えた。

本物のスクープ記者ほど、普段は秘密情報を聞きまわったりしない。集めるのは取材先との雑談や飲み会などで手に入る一般情報だ。それらの中にこそ、秘密情報につながるヒントが隠れているからである。

例えば、社長は確実に企業秘密を知っているが、最も漏らす可能性が低い。一方、組織の中には秘密を知っており、しかもそれを記者に漏らす動機を持つ人物が必ずいるものだ。例えば、社長に恨みを抱いている役員はその代表例だ。そして「社長と●●さんはプロジェクトをめぐって対立している」といったうわさは下っ端の社員でも知っているものだし、親しくなれば雑談の中で簡単に聞きだせる。広報が記者に「取材」する際も、普段から集めていた一般情報の量がモノを言う点はまったく同じだ。

では、どうすれば一般情報を得られるのだろう。まず、無駄足になっても繰り返しクラブを訪れることが重要だ。「なかなか機会がない」という人もいるが、商品のマイナーチェンジや社内の小さな機構改革など、記事にならないネタでもリリースにして投げ込みに行けばいいのである。他社の発表予定を確認するだけでも訪問理由になる。

クラブで発表スケジュールを見れば他社の動きがわかるし、この先の記者の繁閑も読める。記者がどの時間帯に記事を書いているかを観察すれば、電話でネタを売り込むタイミングも見えてくるだろう。

次に大事なのが、クラブ内に「協力者=ネタ元」を確保することだ。クラブで暇そうな人を見つけたら、リリースを手渡ししたりして名刺交換し、雑談してみるといい。親切で波長が合いそうな記者がいたら情報交換の回数を増やし、関係を深めていくのである。

このとき重要なカードになるのが、自分が持っている一般情報だ。記者が必要とする一般情報を提供する見返りに、記者が持っている一般情報を入手するのである。これが「情報交換」の意味だ［**図10**］。

情報は情報でしか買えない

ときどき、「記者に食事をおごれば情報が得られたり、情報発信の際に優遇したりしてもらえるのでは」と考える広報がいるが、カネやモノによる利益供与は警戒されるだけで逆効果だ。報道業界には「情報は情報でしか買えない」という不文律と原理があるからだ。

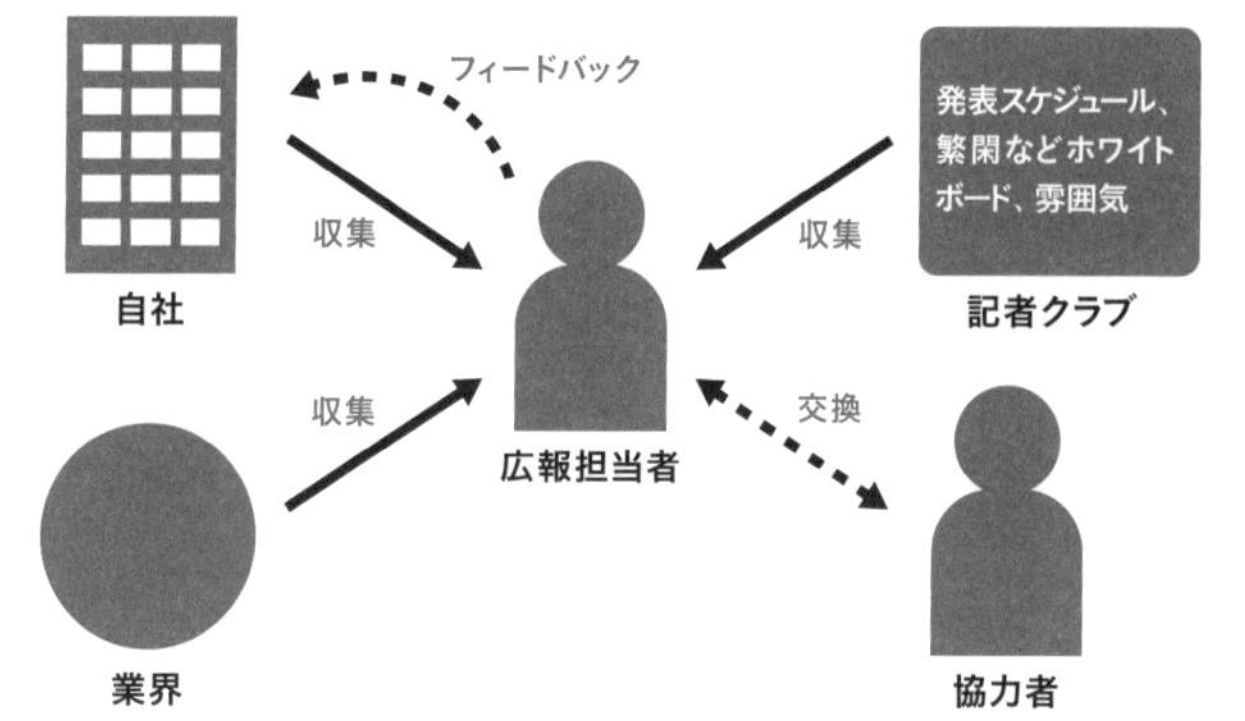

図10　一般情報の収集と活用

そう言うと、中小企業の広報から「マスコミはわが社の製品になんて興味がないよ」という声が聞こえてきそうだ。しかし、仮にそうでも業界の事情通であれば、記者にとって価値のある「ネタ元」になり得る。実際、筆者が銀行担当をしていたころ、主要な取材先はメガバンクだったが、信用組合の広報ともつきあっていた。金融庁検査などの仕組みは大手銀行でも信用組合でも基本は同じなので裏事情を聞けるし、大手銀行に関するうわさや怪文書が出回ったとき、そういう人は入手しやすいからだ。そうしてつきあいが深くなれば、「まとめモノ」の事例を集める際、その信組を取材してサービスを取り上げる機会も出てくる。ウィン・ウィンの関係なのだ。

協力者確保の成否は、役に立つ一般情報をどれだけ記者に提供できるかがカギを握る。場合によっては、記者の求めに応じて業界や社内の一般情報を集める必要もあるかもしれない［図10］。

その対価として記者から得た一般情報は、自社の広報戦略の立案に役立つだけでなく、社内や業界で別の一般情報を得る際の対価にもなる。記者から聞いた自社についてのネガティブ情報を有力役員にいち早く伝えるなどして、社内人脈を築くきっかけにもなる。「わらしべ長者」ではないが、この仕組みに気づいている広報のもとには雪だるま式に情報が集まってくるのである。

こうした取材は、記者の行動原理を深く理解する助けにもなる。彼を知り、己を知れば、広報戦略も違ってくるはずだ。

記者クラブの実態を知る！
独自ルールと力学を理解し記者とのトラブルを防ぐ！

リリースの投げ込みや記者会見などで広報担当者が訪れる機会の多い記者クラブ。その特性が記者の行動原理につながっている。

広報担当になったばかりの人にとって、記者クラブに足を踏み入れるのは、勇気がいることかもしれない。名前は聞いたことがあっても、漠然としたイメージしか持っていない人も多いだろう。

実際、年度替わりなど異動シーズンになると新任の広報が記者クラブの「掟」を破るような振る舞いをして記者とトラブルになることがある。どのような場なのか、土足で踏み込んでしまわないよう事前に知識をつけておいたほうがいいだろう。

所属クラブで取材対象は決まる

記者クラブとは新聞、テレビ、通信社などが公的機関や企業に関する報道をするためにつくった任意団体のことだ。財務省の「財政研究会」（通称「財研」）、外務省の「霞クラブ」をはじめとして、各都道府県の「県政記者クラブ」「県警記者クラブ」まで全国に数百存在する。「マスコミ業界の親睦団体」という位置づけだった時代もあるが、1990年代以降の記者クラブ批判の高まりを受けて、今では「取材」という公的な目的を強調するようになっている［図11］。

もっとも、記者クラブという言葉は「団体」ではなく「場所」を指して使うことも多い。クラブが役所などから借りている「記者室」のことだ。しかし、厳密にはクラブと記者室は違う。クラブに加盟していないジャーナリストに記者室を開放しているケースもあるのだ。こうしたクラブの成り立ちや業界としての位置づけについては日本新聞協会のサイトに説明があるので、目を

図11　経済系記者クラブの例

名称	記者室の場所	主な取材内容
財政研究会（財研）	財務省	国家予算、財政政策
日銀クラブ	日本銀行	金融政策、金融機関
兜倶楽部	東京証券取引所	株式市場、企業決算
重工業研究会（重工クラブ）	日本鉄鋼連盟	重工業以外も含むメーカー
経済団体記者会（財界倶楽部）	経団連会館	経済団体など

通しておくといいだろう。

新聞社やテレビ局の記者は大半が何らかの記者クラブに所属し、毎日記者室に詰めている。別の言い方をすれば、記者の担当分野は所属クラブで決まるのである。クラブの枠を超えて取材することはあまりなく、場合によっては同じ部の記者同士でも縄張り争いの原因になる。

広報の立場から言えば、普段プレスリリースを配布しているクラブの記者とつきあっておけば、大手メディアはほぼカバーできる。裏返せば、大きな事件に即応するための部隊である社会部の「遊軍」など、クラブ員以外の取材を受けるときは「有事」といっていい。

「幹事社」との調整は重要

クラブはそれぞれ会則を持ち会費制で運営され

ている。そのお金で共有のコピー機を置いたり、記者室の家賃を払ったりしているのだ。広報との親睦会を開いているクラブもある。

運営の中心になるのは「幹事社」で、新聞社1社＋テレビ局1社などの組み合わせで、1～2カ月ごとに持ち回りで担当することが多い。プレスリリースを配布したり、記者室で会見を開いたりするときはこの幹事社に申し込み、了承を得る必要がある。記者室の外で行われる共同取材でも、幹事社が代表で質問をしたり、取材のセッティングを取り仕切ったりする。

リリースなどの発表予定は、幹事社の了解を得た後で記者室の共有スペースにあるホワイトボードに書き込む。記者はこれを見ることで取材や原稿執筆の予定を立てるわけだ。

広報にとって注意が必要なのは「黒板協定」の存在だろう。ホワイトボードに予定が書き込まれたリリースについては、〝発表後でなければ報道しない〟という取り決めがある場合が多い。発表前に加盟社以外のメディアに情報提供して報じさせたりすると、クラブ加盟社から猛反発を食らうことになる。クラブ員が解禁日（エンバーゴ）を待たずに、抜け駆けして報じたときも、総会が開かれて制裁措置が取られる。

かといって発表前の報道を封じる目的で黒板協定を利用することも、クラブ全体を敵に回してしまうので要注意だ。この辺りのルールはクラブによって異なり、クラブ総会で変更されることもある。明文化されていないケースもあるため、広報担当が代わった場合は前任者から細かく引き継ぎを受け、曖昧な部分は幹事社に確認しておく必要があるだろう。

記者会見については「クラブと発表社のどちらの主催か」を意識する必要がある。例えば公的機関が開く記者会見でも、クラブが主催するケースとそうでないケースがある。クラブ主催という位置づけの場合、司会はクラブの幹事社が担当するのが一般的で、広報担当者が進行にどこまで関与するのかについては事前調整が必要になる。参加者もクラブが決めるので、非クラブ員の業界紙などを無断で招待するとトラブルになりかねない。

「競争」と「協調」の場

記者クラブを利用する際に重要なのは、こうしたルールだけではない。広報として記者と対等に渡り合うには、そこでどんな力学が働いているのかを正確に理解しておく必要がある。

記者にとってクラブは「競争」と「協調」という、相反する側面を持っている場だ。もともとクラブは役所などに対して情報公開を迫る圧力団体として出発した歴史がある。先に述べた「会見の主催がクラブと相手のどちらか」にこだわる風潮も、こうした経緯から来ている。

その一方、クラブはスクープを競う場でもある。記者の社内や業界での評価は、「特ダネをとるか」「(複数社に抜かれる)特オチをしないか」といったゲームのルールに基づいている。このとき、ルールや評価が適用される単位がクラブなのだ。

記者は同じクラブのライバルしか眼中にない。例えば日銀クラブ（金融政策と金融機関を担当）の記者が、銀行ネタで他社に抜かれたとき、同じ経済部である財研（財務省を担当）の同僚はほとんど責任を感じないのである。記者の動きを理解するには、この「競争と協調」の両面を踏まえておく必要がある。

競争と協調のジレンマに直面することもある。筆者が日経新聞の記者だったころ、日経の同僚がとある企業の買収計画をすっぱ抜いて企業側とトラブルになったことがある。報道によって買収予定の企業の株が急騰し、コストが跳ね上がった。これに社長が激怒し、日経を「出入り禁止（取材拒否）」にしたのである。買収を正式に発表する会見にも日経を呼ばないなど、報復を通告してきた。

広報対応としてはやや異常だが、怒る気持ちはよくわかる。とはいえ、日経としては取材拒否が続いては困るのでこれに対処する必要が生じ、私が所属するクラブの意見の取りまとめをすることになった。

日経としてはクラブを挙げて企業に抗議してほしいのだが、他社からすれば特ダネを抜いた日経を応援するのは心情的に難しい。しかし、他社も自分たちが同じ目に遭うのは困るので、クラブとして団結して抗議するという趣旨もわからなくはない。結局、趣旨が曖昧な「抗議文」を送ることで落ち着いた。正論だけでは動かないのがクラブなのである。

こうした力学まで見えてくれば、記者クラブでの仕事を戦略的に進められるはずだ。クラブには人を寄せつけない雰囲気も漂っているが、恐れず通って観察することが広報としてのスキル向上の近道だろう。

記者のコメント取り事情とは？ 専門家の露出を増やすには記者への情報共有が必須！

記者は大学や研究機関に所属する専門家の見識に頼る場面が多い。専門家が「取材されやすくなる」ために、広報ができる準備とは？ こうした専門家を通じたブランディングは企業にも応用できる。

大学業界では、少子化によって学生の獲得競争が激化している。こうした危機感もあり、学校の知名度を上げる方法として、メディアの活用が注目されている。例えば、新聞やテレビのコメンテーターとして教員や研究者が登場すれば、お金をかけずに受験生やその保護者にアピールできる。ドラマなどの撮影にキャンパスを使ってもらうなどの試みもある。

しかしメディア露出に関しては、一部の有名大学を除けば老舗校でも苦戦しているのが現実だ。筆者も新聞記者時代、名の通った大学の先生や広報担当者から「どうすればもっと取り上げてもらえますか?」と相談されることがあった。研究者や専門家を抱えるシンクタンクでも同様の課題を持っているケースは多いだろう。

ネットにない情報を提供

特に東京以外では、大阪など大都市にある有名校でさえ悩みを抱えている。こうした格差が生まれてしまう背景には、記者の「対面取材を重視する習性」がある。電話取材ですませる場合でも、何度か語りあって気心の知れた人を優先するのである。このため、アカデミズムの世界では実績や知名度があったとしても、マスコミの集まる東京から離れた大学はどうしても不利になるのだ。ただ、こうしたハンディキャップを背負った大学の広報でも、比較的簡単に取り組める方法はある。解説コメントの取材や寄稿に対応できる教員や研究者のリストをマスコミに配るのである。

これは大手シンクタンクでは昔から一般的な手法だ。所属する研究員の専門分野や連絡先、メディアへの出演実績などをパンフレットにまとめ、記者に手渡すのである。やり手の広報になると、一覧をカード大の紙に印刷して記者クラブに行き、コメント取りをする機会の多い記者たちの机に貼って回っていた。

広報の方々の中には、「そんなのとっくにホームページに載せている」と反発する人も多いだろう。しかし、ほとんどの場合、「教員一覧」にある情報は、記者にとっては役に立たない。

筆者は経済解説部というアカデミズム担当の部署に長くいたせいで、他の記者から「寄稿やコメントをしてくれる学者を紹介してほしい」と、頼まれることが多かった。これは裏を返せば、記者がネットで検索しても、必要な情報は得られないということである。おそらく、大学のホームページが主に学生や受験生向けにつくられていることが影響しているのだろう。

取材を想定したリストづくり

記者向けの人材リストをつくる際に重要なのは、「どんな取材に対応できるか」を具体的に書くことである。例えば専門分野を「ミクロ経済学」「情報の非対称性」などと書いても、経済学部を出ていない記者にはピンとこない。しかし、「企業と消費者の間で持っている情報に差があるために起きる問題（食品偽装など）」と書けば、記者は「ムダ撃ち」を心配せずに問い合わせができる。

また、「過去にどんなニュースに対して発言してきたか」という情報も参考になる。マスコミは「～の経済波及効果は○○億円」といった試算をいつも探しているので、「そうしたニーズがあれば対応します」と売り込むのも効果があるだろう。

連絡先は、学校や学部の代表番号ではなく、直通番号を載せたほうが、取材の心理的ハードルは下がる。コメントが必要な局面は、たいてい締め切りギリギリだからだ。広報に取材対応を集約している場合は、担当者の直通番号か携帯番号を載せるのが望ましい。代表番号から先生につないでもらったあとに「実は広報の許可が必要で……」などと言われると、大学全体に官僚的な印象を持ってしまうだろう。

親しい取材先とLINEやFacebookなどでやりとりする記者も増えてきたが、やはり最もよく使われる連絡手段は携帯電話だ。実際、専門家のコメントが必要になった際にまず連絡を取るのは、自分の携帯に番号が登録されている人である。つまり、頻繁にメディアに登場する専門家は、記者が携帯でいつでも連絡を取れる人なのである。そういった専門家の連絡先リストをつくり、同じ担当の記者で共有している社もある。

メールアドレスも、時間にかかわりなく取材の申し込みができるので重宝がられる。これらの情報をホームページに載せるのはちゅうちょする人も多いだろうが、マスコミ限定のパンフレットなら問題ないはずだ。

くないだろう。

教官と記者の接点づくりを

ただし、どんな人を売り込むのかについてはよく検討したほうがいい。研究者の中にはメディア露出を嫌う人が少なくないからだ。専門分野が狭すぎる人や、口下手な人もメディア受けはよくないだろう。

マスコミに重宝されるのは、第1に「自分の専門のど真ん中ではないことにも、専門性を軸にして気軽にコメントしてくれる人」だ。しかし、研究者の世界では、こうした振る舞いをすると評判を落とすのではないかと気にする人が多い。どこまで守備範囲を広げるのかは悩ましい問題だが、「大学の知名度を上げる」という目標を優先するなら、広報からも柔軟な対応をお願いする必要があるだろう。取材対応のコツをレクチャーしたり、学内に設備がある場合はカメラテストをしたりして苦手意識を取り除く必要もあるかもしれない。

研究者と記者の距離を縮める場づくりも広報の仕事だ。記者と名刺交換をして雑談をするだけでも、取材を受けるチャンスは広がる。アカデミズムの世界にはジャーナリズムへの偏見や恐れがあるが、実際に記者と接すれば「食わず嫌い」がなくなる場合もある。

入り口として利用したいのは、学生の活動に関する記者発表だ。地元企業と共同で開発した商品のお披露目や、ゼミなどで実施したアンケート調査の結果などは、マスコミにとっても扱いやすいネタだ。プレスリリースを配布するだけでなく、学生主体で記者発表をすればかなりの確率で取り上げてもらえるだろう。

その際に、担当の教官が同行すれば記者との接点が生まれる。記者のほうから「こういう取材が必要なときには応じてもらえますか」と聞かれればしめたものだし、広報や教官から「こういう分野でコメントが必要なときには連絡してください」と売り込むのもいい。

筆者の経験からいえば、「携帯に登録済みのコメンテーター」の少なさに悩んでいる記者は多い。知名度アップ作戦の中で、この分野はまだ開拓の余地が大きいのではないだろうか。

各社の経済部記者を分析、読売は体育会系、朝日は合理主義？

メディアリレーションにおいては、各社のカラーを把握することも大切。

経済記者と一口にいっても、企業規模や社風などで取材の仕方も変わる。

広報担当になった人が最初に戸惑うのは、新聞社やテレビ局などの記者とのつきあいかもしれない。マスコミ関係者には「とっつきにくい人」が少なくないため、攻めあぐねてしまうのだ。

ただ、「彼を知り己を知れば百戦殆からず」とも言う。所属する会社や部ごとに記者の特徴を把握して心の準備をしておけば、少しハードルが下がるのではないだろうか。

日経の記者は〝会社員〟に近い

もちろん、記者は十人十色で同じようなタイプばかりではない。しかし、社によって一定の傾向があることは間違いない。

例えば筆者が勤めていた日本経済新聞社は、読売新聞や朝日新聞といったライバル紙に比べ一般のビジネスパーソンに近い雰囲気の記者が多い。服装はスーツにネクタイが基本。ドラマに出てくるようなアウトロー風の記者は比較的少ない。

これには、記者の育成方法の違いが関係していると考えられる。地方紙も含め、ほとんどの新聞社では新人に警察を担当させる。いわゆる「サツ回り」だ。海千山千の刑事と関係を築き、秘密を聞き出す経験を積ませるのだ。大した苦労もせず生きてきた「秀才」たちに悲惨な事件や事故を取材させ、社会の矛盾や不条理を肌で感じさせる意味もあるのだろう。

記者が持つ独特の雰囲気や押しの強さは、この下積み時代に修羅場をくぐる中で身につくことが多い。ところが日経では、新人で警察担当（社会部）に配属されるのは同期のうち数人にすぎない。大半の記者が、東京か大阪で企業担当としてキャリアをスタートさせるのだ。取材先も企業の社員や幹部が中心なので、当然雰囲気も一般のビジネスパーソンに似てくるのである。

日経と読売は体質が似ている

では、それ以外の社にはどんなカラーがあるのだろう。私がよく知る経済部に絞って述べてみたい。以下はあくまで印象論だが、業界でもだいたい同じ認識が共有されていると思う。

最大手の読売新聞は、よく「体育会系」と評される。スクープを「抜く・抜かれる」という勝敗へのこだわりも強い。こう聞くと日経と正反対のイメージを抱くかもしれないが、実際には「よく似ている」と言われる。実は日経も、経済ネタに限れば、他紙に抜かれるのはもちろん「自社が報じる前に企業が発表してもアウト」という風潮があるからだ。

読売と体質が似ているなと思ったのは、夜に企業幹部の家の前で帰りを待って取材する「夜回り」のときだ。大ニュースが出た後はキーパーソンの自宅前に記者が集まるが、取材先の帰りが遅かったり帰宅しなかったりすると各社の我慢比べになる。そういうとき、他紙の記者が諦めて帰っていく中、読売だけが深夜0時を過ぎても残っている、ということがよくあった。

記者は、キャップに携帯電話で「引き上げてもよいか?」とおうかがいを立てるのだが、日経と読売の場合「他紙がすべていなくなるまで待て」と言われて帰れないのである。万が一、取材先が帰ってきてライバルに単独で取材されるのが怖いのだ。こういうときに「みんな一緒に引き上げましょうよ」と談合を持ちかけてくる記者もいるが、当時の読売の記者はそういうことはしなかった。

それに比べ、朝日は組織がフラットで合理主義的な印象だ。他紙から移ってきた記者が多いせいか、入社年次による上下関係も日経や読売ほど厳しくない。頭が良く、ソツのないタイプが目立つのも特徴だ。

朝日新聞といえばリベラルで反権力というイメージがある。しかし、経済部に限れば「大企業は悪」という先入観で凝り固まった記者はあまり見たことがない。確かに社会部の記者にはそうした傾向があるが、企業が不祥事を起こしたときに取材するケースが多いためだろう。朝日に限ったことでもない。

毎日新聞は人数が少ないこともあり、上司から受けるスクープ競争への圧力が緩いようだ。特に、手厚い陣容を誇る日経に抜かれたときは「当たり前」と思っている節があった。一度、親しい記者から真顔で「うちは日経さんの特ダネを淡々と追わせていただきます」と言われて驚いたことがある。ただ、「いつかは新聞協会賞級のネタを抜こう」と虎視眈々《たんたん》と狙っている気配もあった。スクープの量より質を重視する、あるいは一点豪華主義の雰囲気があった。

これに対し、産経新聞は同じくマンパワー面で不利な毎日に比べ、スクープへのこだわりが強い人が多い印象だ。他紙に抜かれると、何か別のネタで抜き返そうとする。ただ、紙面から受けるコワモテ保守のイメージと違い、政治的にはノンポリの人がほとんどだ。

ＮＨＫについても触れておこう。これは番組のイメージ通りで、記者も優等生タイプが多かった。ＮＨＫは朝日と並び社会的影響が大きい媒体のひとつなので、エリート層に食い込んでいる記者が多い。新聞へのライバル意識も強く、人数が少ない割に競争相手としては怖かった。

整理記者は実は一大勢力

経済部記者と社会部記者の違いについての話で触れたように、記者のカラーは経験してきた部署によっても変わる。例えば政治部が長い記者は「派閥」で物事を判断する発想を持つ。企業でも社長派、専務派などに分かれて対立するケースがあるが、そうした社内力学に対する関心が高いのだ。

政治部では自分が担当する政治家の浮沈が、取材上の成果にも直結する。このため担当している党や派閥、仲の良い政治家と利害関係が一致してくる。

一方、文化部や生活部などは解説や論評を書くのが主な仕事なので「抜いた・抜かれた」はあまり意識しない。このため社会部、政治部、経済部に比べると闘争心が強い記者は育ちにくい。筆者も経済解説部が長かったので、経済部のスクープ至上主義には違和感を覚えることが多かった。とはいえ、抜かれると社内の立場が弱くなるので取材の手は抜けなかった。

この他に広報が知っておいたほうがいいのは新聞社の「整理部」の位置づけだろう。「紙面整理」はなじみがない言葉かもしれないが、記事に見出しをつけたり紙面のレイアウトを決めたりする作業を意味する。

整理記者は、取材記者に比べ社内の地位が低いと思われがちだが、実は一大勢力だ。記事の扱い（優先順位）を決める権限を持ち、部の規模も大きいからだ。整理部を経て取材記者になった（戻った）人は社内評価が高いケースが多いし、内勤の時期に「現場に出たい」と臥《が》薪《しん》嘗《しょう》胆《たん》しているので取材も熱心だ。日経もトップをはじめ幹部には整理部経験者が多い。

経歴は、記者の社内での位置づけや行動原理を知るうえで重要な情報だ。あいさつ回りでの雑談で相手がどんな部署を経験してきたかを聞いておくと、つきあい方を考える材料になるだろう。

面から新聞社の価値観を読み解く！
掲載面や見出しを分析して新聞各社のスタンスを知る

広報担当の毎朝のルーティンである新聞の読み比べ。自社や業界内の露出をチェックするだけでなく、広報戦略に活かせる「新聞の読み方」を紹介する。

広報担当になると複数社の新聞を読むのが日課になる。読み比べはメディアリテラシーを身につけるうえで欠かせない「基本動作」だ。しかし、広報向けの研修などで聞いてみると、どこに注目して読めばいいのかは意外に知られていないようだ。

各紙が注目する分野を探る

どの新聞にネタを売り込むのかを決めたり、発表内容に対する各社の反応の違いを予想したりするときは、その新聞社の「価値観」を理解しておく必要がある。

一方、報道機関としての新聞社は組織として意思決定をしている。現場にいる記者の「個人としての考え」と「組織としての考え」が完全に一致するわけではない。そして、広報にとって最も重要なアウトプット（どのように報じられるか）には、少なからず後者が影響するのである。

保守系（右）か革新系（左）か、といった新聞ごとの政治的スタンスについては比較的よく知られている。しかし、広報活動で必要なのは、むしろ「銀行ネタと自動車ネタのどちらを重く見ているか」や「今はどの分野のネタを優先的に取り上げているか」といった個別具体的な情報だろう。これらを知るには「記事の扱い」を観察する必要がある。

実は、新聞記者も毎日ライバル紙を読み比べる中で、そうした「相場観」を身につける。「このネタは○○新聞は大きく扱うに違いない」とか、「他紙はこのネタを追うことにあまり熱心にならないだろう」といった判断をするためだ。

位置や見出しの大きさで分析

では、具体的にはどのように読めばいいのか。記者が日々の読み比べの際に注目しているのは、記事の❶掲載面と関連記事の数、❷面の中での配置、❸縦見出しの段数の3点だ［図12］。

新聞社は、その日の締め切り時間までに取材したニュースの中で最も重要だと判断したものを1面に載せる。次に重要なものは2ページ目から続く総合面（上の欄外に「総合」などと書いてある）に収容する。次が政治面、経済面、社会面といった固定面だ。1面や総合面だけで全体像を説明しきれない場合、関連記事を政治面や経済面などに載せる。このように「どの面に載ったか」「関連記事がどの面に何本あるか」を見れば、その新聞社のニュース価値の判断基準が見えてくるのだ。

同様に、記事が面の中でどこに置かれているかもポイントになる。新聞は原則として記事を重要な順に、右上から左下にかけて配置する。中面の一番右上の記事は「トップ」「アタマ」などと呼ばれ、最も重要なニュースを載せる。この上下関係で優先順位がわかるのだ。

最後は見出しの大きさだ。コラムや解説を除くストレートニュースは、縦見出しの長さが「格

図12　記事の扱い（優先順位）の判断

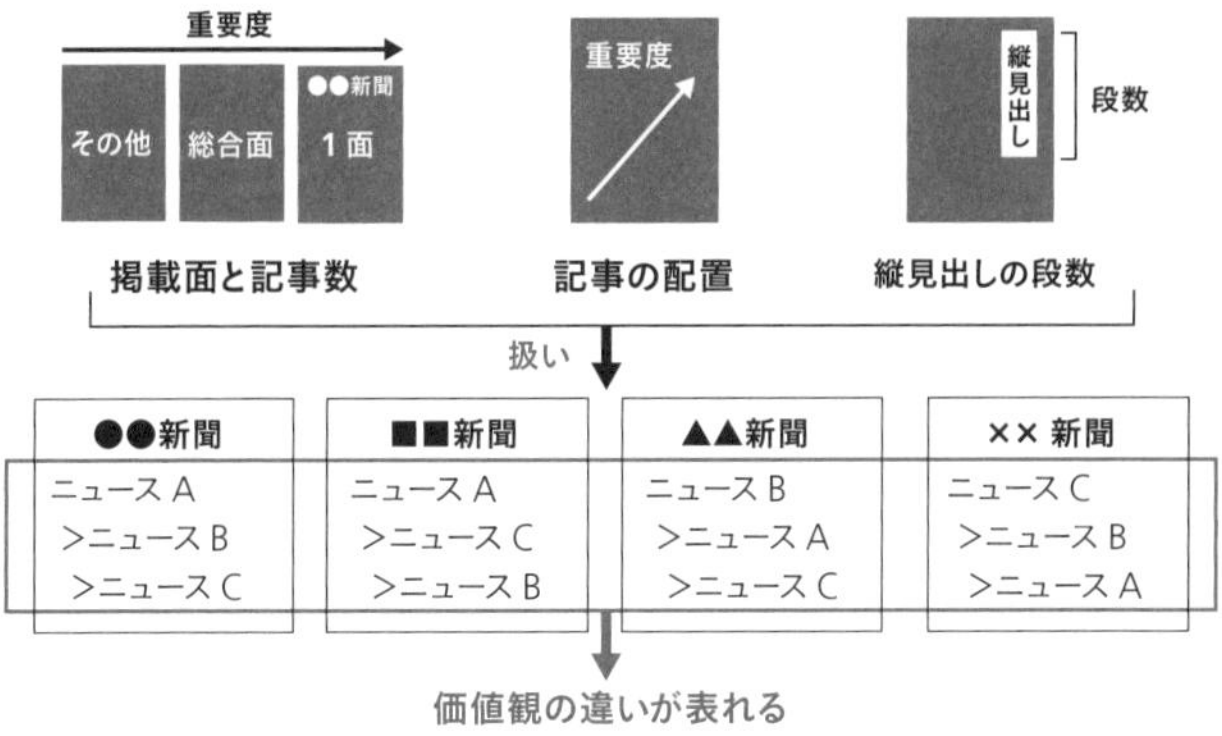

付け」になっている。日本の新聞は縦書きの段組で構成されるが、この「段の数」がニュース価値を表しているのである。新聞によって異なるが、最高は4段か5段。縦見出しが1段の記事は最も重要度が低く、「ベタ記事」と呼ばれている。

縦見出しに加え横見出しがついた記事は、最高レベルの重要度であることを示す。実務上はこうした見出しからニュースは5段階に格付けされていると考えればよい。例えばベタ記事は「重要度1」で、「縦見出し5段」や「縦見出し4段＋横見出し」は「重要度5」というわけだ。

この3つの情報を組み合わせると、異なるニュースの扱いを比較できる。「この新聞はニュースAよりニュースBを大きく扱っているな」といったことがわかるのである。さらに、複数の新聞で比べると各紙の価値観の違いが浮かび上がる。同じジャンルの記事の優先順位だけでなく、「政治ネタより経済ネタを重視している」といった特徴も見えてくるのだ。

同じ題材の記事の扱いを比較

試しに、同じ日の朝刊で実際に調べてみるとよい。比較するのは各紙が独自に掘り当てた「独自ダネ」ではなく、プレスリリースや記者会見によって明らかになった「発表モノ」か、事件・事故といった「発生モノ」の記事だ（共通モノとも言う）。まず1紙を見て、そうしたニュースを報じた記事を4～5本選ぶ。ジャンルは「経済ネタだけ4本」といったようにそろえてもいいし、「政治ネタ、経済ネタ、国際ネタ、社会ネタ、運動ネタ各1本」といったように混ぜても面白い。

次に、複数の新聞について先に述べた方法で各記事の扱いを調べる。例えば1面トップで扱われているなら、そのニュースは最重要と判断されていることになる。●●新聞が1面トップ、▲▲新聞は1面の3番手で扱っているのなら、そのニュースは●●新聞のほうが注目しているわけだ。

同様に調べていくと、各紙についてニュースの扱いの優先順位がわかる。例えば●●新聞は「ニュースA＞ニュースB＞ニュースC」で、▲▲新聞は「ニュースB＞ニュースA＞ニュースC」といった具合だ。

この順位を比べて初めて、各紙のスタンスが見えてくる。「このニュースは企業ネタなのに、日経新聞より朝日新聞のほうが大きく扱う傾向がある」「読売新聞は最近、わが社とライバル社について優先順位が変わった」といった意外な気づきもあるだろう。

ここまで読んでお気づきの通り、こうした比較は記事を時系列で流していくネットではなく、「紙面」を見なければできない。電子版を契約した場合も紙面ビューアーで読む必要があるということだ。

同じ理由で、記事のスクラップも単に切り抜いて貼り付けるだけでは不十分だとわかるだろう。見出しの段数などは見ればわかるが、「何面の何番手の記事か」といった情報は書き加えておかなければ、後で見返したときにわからなくなる。最近は「日経テレコン21」などの記事データベースやクリッピングサービスを使う広報が多いが、前記の情報まで調べられるかどうかは確認が必要だ。

ニュース価値をめぐる相場観や分析方法を取得することは非常に重要で、広報にとっては基本中の基本と言っていいスキルだろう。新任者研修に取り入れるなどして、早めに身につけておきたい。

新聞記者とテレビ記者の違い
民放のネタ元は新聞!? スクープよりも画でアピールしよう!

日々新鮮なネタを追いかけ、激しいスクープ競争の中で戦う新聞記者と、視聴率を重視し、「画（＝映像）」になるニュースを探すテレビ局の記者。

広報担当者は、その違いを見極めてアプローチする必要がある。

新聞記者とテレビ記者は、同じクラブに所属してニュースを追っているという点で仕事内容に大きな違いはない。しかし、文字を中心とした紙メディアと、映像を中心とした放送メディアで、求めるネタの種類や取材の手法に違いが出てくるのは当然だ。具体的には何が異なるのだろうか【図13】。

新聞は「社会的な影響」を優先

まず、テレビ記者と一口に言っても、ＮＨＫと民放テレビ局では新聞記者にとっての位置づけがかなり異なる。ＮＨＫは新聞にとってスクープ競争のライバルだ。媒体は違うが、朝刊と朝7

図13　重視するニュース価値の要素

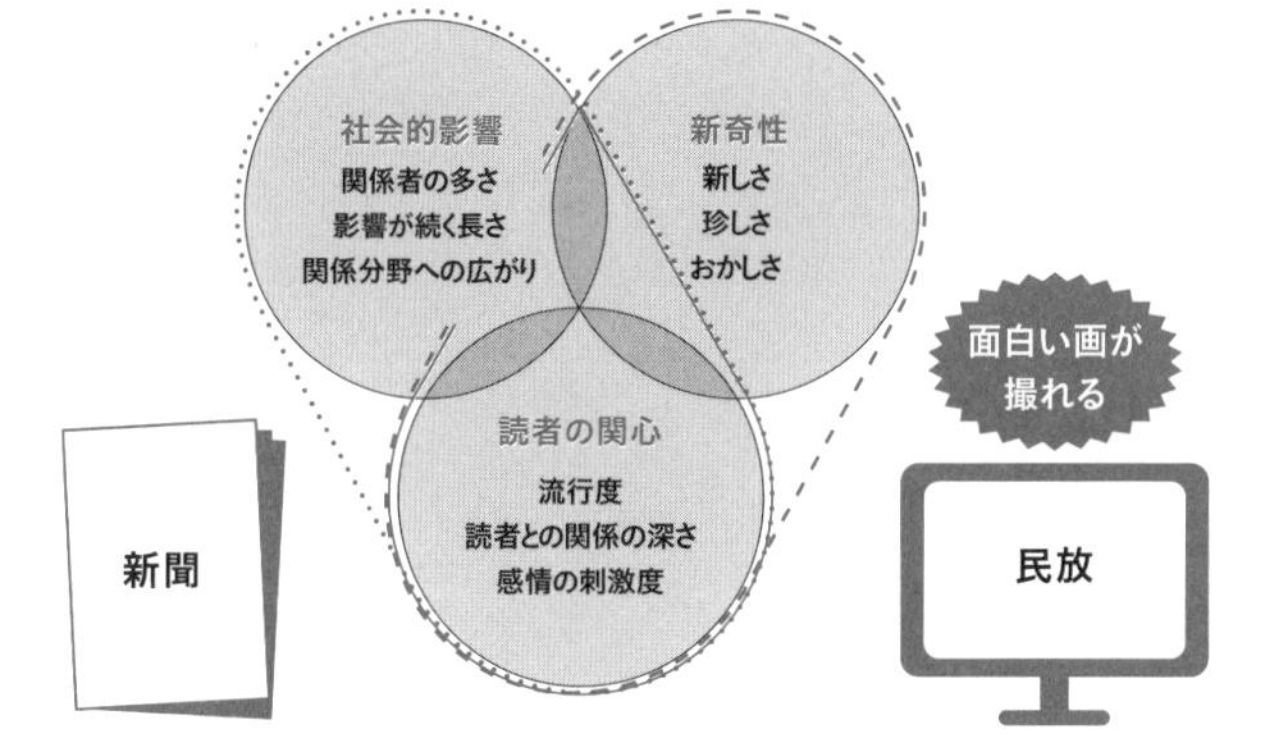

時のニュース、夕刊と正午のニュースは「同じ土俵」とみなされている。実際、新聞記者はライバル紙の朝夕刊に欠かさず目を通すのと同じように、朝・昼・夕のＮＨＫニュースは必ずチェックする。

これに対し、経済ネタに限れば民放は新聞の敵ではない。社会部や政治部はそれなりに競合するものの、新聞の経済部が民放に「抜かれる」ことはほとんどないからだ。筆者の経験でも、民放に抜かれて痛い目にあった記憶はまったくない。日経新聞の系列局であるテレビ東京には2度ほど小ネタを抜かれたことがあるが、調べてみると記事を書いたのは日経からテレ東に出向していた先輩記者だった。

新聞とテレビの記者が競合しないのは、「ゲームのルール」が違うからだ。民放は、新聞や

NHKのように「抜いた・抜かれた」のスクープで戦うのではなく、「視聴率」を重視するのである。

筆者が金融担当をしていたころ、同じクラブに所属していたある民放の記者は、本社から送られてくる視聴率のグラフを見ながらいつもグチっていた。彼が出稿したネタが放送されると視聴率が下がるので、上司から小言を言われるのだという。視聴率を稼ぐ芸能ネタや動物ネタに視聴率で負けるたびに、「でも、（番組の主要な視聴者である）主婦が銀行再編のニュースに興味を持たないのは僕のせいじゃないよね」とぼやいていた。

これは新聞と民放でニュース価値の判断基準が違うことを意味する。日本の新聞は戸別配達率が90パーセントを超えるため、扱うネタによって日々の売り上げが左右されるということはほとんどない。このため、「社会的な影響が大きいニュース」を優先して載せる傾向がある。逆に、芸能人の不倫スキャンダルのように人々の興味をかき立てるネタであっても、社会的影響が小さいと見れば記事にしないのである。

一方民放は、視聴者の興味や感情をどれだけ刺激することができるかを重視する。例えば一般に視聴率が低くなりがちな金融ネタでも、「窓口でロボットが接客する」「ATMの手数料が値上げされる」といった視聴者の生活に密着する話題なら、新聞より大きな扱いになることもある。

特に人々の「怒り」をかき立てるニュースには敏感だ。筆者は厚生労働省の記者クラブで社会保障を担当していたとき、「消えた年金記録問題」に関する記事を書いたことがある。このとき、民放のニュースやワイドショーが系列を超えて大きく取り上げてくれた。ライバル紙が追いかけない場合でも、民放は「日経がこう報じている」とパネルに記事の切り抜きを貼って紹介してくれるのだ。

新聞にはない2つの制約

こうした行動原理とも関係するが、テレビには新聞にない制約がある。ひとつが、ニュースを報じるときには「画」が必要になるという点だ。友人の民放記者は、「僕らのネタ元は新聞」と言ってはばからない。朝は各紙に目を通して「面白い画が撮れるニュース」を探すのが日課だそうだ。つまり、スクープよりも、視聴率が取れる「画」のあるネタが必要なのである。

この点はしばしば、テレビ記者からうらやまれる。「新聞記者は現場を見ただけで記事が書けるけど、我々はその瞬間にテレビカメラを回していないと話にならない」というわけだ。もちろん、資料映像や再現映像などでごまかすこともできるだろうが、やはりリアルな現場の画があるニュースのほうが価値は高くなる。

もうひとつの制約が、記者の少なさ。NHKは新聞と同程度の人数の記者を配置しているが、民放は経済記者1人で複数のクラブをかけ持ちしているケースが少なくない。そのうえ「入社当初から報道一筋」という人ばかりではない。新聞社では記者が多職種を経験することはほとんどないが、民放の場合、営業・編成・文化事業など多様な職種を渡り歩くことが多く、専門的な知識や人脈を持った記者が育ちにくい傾向がある。

そうなると、民放の記者は企業や役所の発表や発生した事件を追うので精いっぱいになり、新聞やＮＨＫとスクープを競うのは難しくなる。これも、「スクープより画になるニュースを重視する」という行動原理につながっている。

専門紙への露出は狙い目

以上のような民放記者の行動原理と制約条件を踏まえると、テレビ向けの広報戦略が見えてくる。

まず、ネタを売り込む際には「面白い画」が必須になる。裏返せば、社会的な影響が小さくて新聞記者が振り向かないような話題でも、画になりさえすればテレビは取材してくれる可能性があるということだ。ただし、テレビの記者は担当範囲が広いので、プレスリリースをじっくり読む暇はないはずだ。撮影取材のセッティングができる案件であれば、記者に個別に打診するのが良いだろう。

テレビ記者が新聞をネタ元にしているということも忘れてはならない。特に参考にされやすいのが「日経ＭＪ」や「日経産業新聞」などの専門紙だ。一般の人はほとんど読んでいないので、テレビで同じネタを扱っても「追いかけた」という印象を持たれないからだ。

全国紙に比べると、こうした媒体への売り込みはハードルが低い。知名度が低くて全国紙に取り上げてもらえない企業は、まず専門紙への露出を狙うといいかもしれない。実際に、「日経ＭＪ」で取り上げた商品をテレビが後追いし、全国区になったという例はたくさんある。

ただ、テレビは食品偽装など「消費者の怒りを呼び起こす不祥事」に厳しいという特徴も覚えておきたい。テレビ局の記者は、新聞記者に比べて接触頻度が少なくなりがちだろうが、日ごろから意思疎通ができる関係を築いておかないと、いざというときに痛い目にあうだろう。

記者懇親会や勉強会は企画系記者にアピールする場

企業や事業に対する認知を高めつつ露出機会の拡大を狙おうと、記者との人脈を築きたい企業が開催する懇親会や勉強会。

重要なのは、企画記事や解説記事の担当者への売り込みだ。

「大阪発のニュースは、なかなか箱根の関を越えられない」

日本経済新聞社の大阪本社に勤務していたころ、取材先だったとある大企業の幹部からよく聞いたグチだ。

大阪の企業や団体が地元で記者発表をすると、新聞もテレビも大きく取り上げる。ところが、よく見るとそれは地元向けの紙面や番組に限られ、東京では報じられていないケースが多いという意味だ。

読売新聞や朝日新聞といった全国紙でも、中身は「全国一律」ではない。「首都圏版」「関西版」といった地方面はもちろん、実は1面などにも地域差がある。西日本で配る紙面は大阪本社で編集しており、地元で1面に載った記事が東京では経済面の片隅に置かれている、という例もあるのだ。

これがテレビ局になると、同じネットワークに属していても会社自体が分かれているので、さらに落差が生じる。くだんの大企業幹部は「地元の新聞やテレビを見ていると自社の知名度が全国区だと錯覚してしまうが、実際にはいくら広報をしても関東で知名度が上がらない」とぼやいていた。

同じ不満を持つ人は多いようで、関西や名古屋を拠点にする企業の広報と話していると、ときどき「東京で記者懇親会を開きたいのだがどうすればよいか」という相談を受ける。全国紙の東京本社やキー局の記者とのパイプを直接つくり、地元以外での露出を高めたいというわけだ。

記者の「縄張り意識」に注意

こうした地域のケースに限らず、東京で記者懇親会や勉強会などを開いて記者との人脈を築きたいと考える広報は多いだろう。ただ、やみくもに開いても人が集まらなかったり、「忙しいのに」と嫌がられたりする懸念がある。どうすればお互いに有意義なイベントにできるのだろうか。

それを考える前に、まず「記者の縄張り意識」について理解しておく必要がある。どんな組織でもそうだろうが、記者の世界でも「タテ割り」が進んでおり、同じ会社であっても自分の担当分野について他部署の記者が記事を書くことを嫌う傾向がある。筆者が経済部で厚生労働省を取材していたときも、年金問題など政治部と担当が重なる分野では、どちらが記事を書くかでしょっちゅうもめていた。

こうした縄張り意識は、地域同士でも存在する。例えば大阪在住の記者は、東京本社の記者が大阪の企業について取材をしたり記事を書いたりすることを快く思わない。一方で、東京でつくる紙面では東京在住の記者が出した記事を優先して扱うから、先ほどの「箱根の関問題」が生じるわけだ。

企業が記者懇親会や勉強会を企画するときは、普段あまりつきあいのない記者にも人脈を広げたいという思惑があるはずだ。ところが、こうした縄張り意識があるため、人脈を築けたとしても一般のニュース（ストレートニュース）では取材対象として扱われることが難しいのである。

こうした事情を考えると、企業が記者を集めるイベントを開く際には、日々のストレートニュースに直結しない部分での露出につながるよう工夫すべきだろう。具体的には企画記事や解説記事の担当者への売り込みを狙うのである。

解説記事の書き手を招こう

新聞社には経済部や政治部といった日々ニュースを追いかけている部署以外にも、文化部や生活部といった、特定のテーマに基づいて取材をする、企画系の記事を書く部署がある。筆者が所属していた経済解説部もそうした部署のひとつだった。

こうした部の記者は、基本的には「抜いた・抜かれた」というスクープ合戦には加わらない。朝刊に担当面を持つ部もあるが、主に夕刊や週末の紙面にコラムや企画記事を書くのが仕事だからだ。ニュースを扱うとしても、書くのは解説記事になる。これは「編集委員」などの肩書がついたシニア記者も同じだ。

企業で記者を集めたイベントを開く際には、こうした層をいかに集められるかがポイントになる。例えば案内状を配布する先は、関連する記者クラブだけだと不十分。クラブは基本的にニュース取材の拠点で、企画系の記者はほとんどいないからだ。クラブ詰め記者の場合、イベント当日に何か事件が起きてしまえば一斉にキャンセルされるリスクもある。

企画系の記者は、本社の自席にいることが多いだろう。公開されている新聞社の組織図や記事などを調べ、発表予定のネタに関心を持ちそうな部署に送付するといいだろう。編集委員やコラムニストについては、個人宛てに直接案内を郵送するといい。

イベント出席率を高めるには

実際に、懇親会や勉強会などのイベント当日も、そうした記者に役立つ情報を提供すると出席率が高まるはずだ。勉強会のテーマであれば、「最近全国的に導入された規制と、それに対処する自社の取り組み」などに設定すると、記者クラブのニュース系記者と法務担当の解説記者の両方が関心を持つかもしれない。

生活部など一般家庭向けのやわらかい記事を書いている記者にアピールするなら、商品・サービスの体験会や工場見学などをセットにしてもよい。待機児童問題や介護問題などの時事性の高いテーマとからめた発信も有効だ。

一般に、企画系の記者には企業との日常的な接点がないため、こうした企業取材の機会は魅力的に映る。毎日、担当企業などを追いかけ、締め切りに追われているニュース系記者に比べ、時間の融通がきくので参加しやすいという面もある。

彼らはストレートニュースの担当ではないので、プレスリリースを送ったからといってすぐに記事にしてもらえるわけではない。ただ特集記事に盛り込む事例のひとつとして扱ってもらえる可能性は高くなる。

このように、すでにつきあいのあるニュース系記者を集めるだけでなく、新たに人脈を開拓する目的で懇親会や勉強会を開く場合は、企画系の記者を想定したネタの発信と、会場での目配りがポイントになる。

普段、経済部の記者とばかりつきあっている広報にとっては、こういった機会に他分野の記者と意見交換をすることも大切だ。経済部とはまったく違った視点から取材をしている記者と話すことで、自社が発信するネタの見つけ方や売り込み方法についても、新しい着眼点が得られるかもしれない。

記者へのおもてなしは不要、過度な気遣いはリスクに

記者とのつきあい方で迷うのが、距離の取り方。

取材時のおもてなしから会食時の会計まで、記者の特性に合わせたスマートな対応が求められる。

ルーティンに慣れて、攻めの広報に打って出ようというとき、迷いがちなのが記者とのつきあい方かもしれない。通常の「取引先」や「お客さま」と違うので、距離の取り方がわからないという人も多いだろう。

個室とオープンスペースの違い

例えば、取材を受けた経験がまったくない場合、自社に来てもらった記者をどのような部屋に通せばいいのかにも迷うかもしれない。実際、広報からそうした質問を受けたことがある。しかし、心配は無用。記者は取材場所にはこだわらない。屋外で取材することもよくあるし、囲み取材や夜回り・朝回りでは立ち話が一般的だからだ。記者を社内に受け入れる際も場所に特別な配慮は不要で、普通の会議室や応接室でかまわない。

違いがあるとすれば「オープンな場かどうか」、言いかえれば個室かどうかだけだろう。いわゆる「リーク」など秘密保持が必要な場合や、記者から本音を聞き出したい場合は個室を用意すべきだ。その場でインタビュー写真を撮ってもらう場合も、映り込む背景に気をつける必要がある。

一方、記者を他の社員にも話し声が聞こえる場所に案内すれば、「機微に触れる話はしない」というメッセージだと解釈される可能性が高い。場合によっては「自分は警戒されているな」と身構えさせることになる。

裏返せば、型通りの「公式見解」について説明するだけなら、打ち合わせ用のブースや共用のテーブルなどで取材に応じても問題はない。実際、役所の取材ではそうしたケースが多い。記者がフロアの一角にある課長席の前に置かれたパイプ椅子に座って話を聞いている風景はよく目にする。

取材の〝見返り〟は原則タブー

では、取材の際に飲み物の提供など記者に対する「おもてなし」はどれくらい必要だろうか。結論から言えば気をつかう必要はない。むしろ、過度な気遣いは警戒されるリスクさえある。

そもそも一般紙やテレビの記者は、たとえ民間企業の社員であっても「公共的な仕事をしている」という意識を持っている。だから取材の見返りの利益供与は基本的にタブーだ。法的には問題ないとしても、倫理的には公務員が賄賂を受け取るのと同じ問題が発生するのである。

ただし、どこからが「不適切」な利益供与かについては、所属する組織や記者個人によって判断が分かれる。コンプライアンス重視が叫ばれ、マスコミへの風当たりも強まる中で、年々「線引き」が厳しくなっていく傾向もある。広報として見極めが難しいのはこの点だろう。

筆者の経験から言うと、朝日新聞やＮＨＫには神経質な記者が多い。ある政治家は「取材中にコーヒーを出したら、朝日の記者だけが黙って５００円を置いていった」というエピソードを披露していた。彼は「立派な記者だ」と感心した反面、やや気分を害したそうだ。

一方で、筆者はある記者が「取材予算がないので海外出張はアゴ・アシ付き（旅費と食費が相手持ち）でなければ行かせてもらえない」とぼやくのを聞いたこともある。取材先からの利益供与について定めた内規があるかどうかも含め、報道機関によって基準はさまざまなのだ。

特に厳しいのは社会部

さらに、こうした慣行は同じ会社の中でも部署によって異なる。例えば経済部や政治部の記者は比較的おおらかな傾向がある。一般的に、ペットボトルのお茶や、喫茶店から取り寄せた５００円程度のコーヒーを拒む記者はほとんどいない。試供品なども数百円程度のものなら取材資料として持ち帰ることが多い。

逆に厳しいのが社会部だ。筆者は新聞社に入社して1年間、社会部出身の先輩に新人教育を受けた。そのころ、ある飲料メーカーに取材をしたのだが、新製品の缶コーヒーの試供品をもらっただけで怒られた経験がある。それは「ブラック（不正な）コーヒー」だというのである。試供品でもそうなので、取材相手に食事や酒をおごってもらう「黒ビール」や「黒めし」などもってのほかだった。この先輩は、取材先の刑事が「公務員なので企業に捜査に行ったら出されたお茶も飲まない」と話すのを聞いたことがあると言っていた。社会部と経済部・政治部の違いは、主な取材先が持つ文化や価値観の差から生じたものだろう。

だから、記者への「おもてなし」は最小限にとどめるのが無難だ。例えば帰り際に手土産を渡そうとすれば、相手は断ったり後日お返しを用意したりしなければならず、かえって気をつかわせることになる。特に金券は要注意だ。過去には、楽天が開いたメディア向け説明会で入金済みの「楽天Ｅｄｙカード」を配り批判を浴びた例がある。「お車代」も一般紙やテレビの記者に渡そうとすると危ない取材先とみなされかねない。

フェアな支払いを求める記者も

とはいえ、広報としてはこうした「昼間の公式取材」とは別に、記者と飲食を共にして信頼関係を築いたり情報交換したりするのも重要な任務だ。そうした接触の場を設ける際は先に述べた「記者の価値観」を事前の接触で確かめておく必要がある。

例えば社会部畑が長く、企業担当になってまもないような相手には、取材先との会食についてどう考えているのか雑談の中でそれとなく探っておいたほうが良い。

記者に抵抗感がある場合は、会計方法を工夫する。最も簡単なのは割り勘だ。例えば役所担当の記者も官僚と会食するが、その場合は1円単位まで割るのが一般的だ。ビジネスマナーからすると違和感があるかもしれないが、記者にとってはそのほうが気楽である。

もし自社の会計処理上、割り勘が難しい場合は「では、次は○○さん持ちでごちそうしてください」と提案する方法もある。そして、実際に誘われたら素直におごってもらうのである。ほとんどの記者は高級店には縁がないが、めずらしい店を知っているものだ。「ここが○○事件の舞台になった店ですよ」「実はこの店のオーナーは……」といった話題性のある店に連れて行ってもらえることが多いはずだ。

そもそも取材にせよ飲食を伴う情報交換にせよ、記者と会うのは相手を籠絡するためではないだろう。相手に気をつかわせたり、警戒させたりすれば逆効果だ。そのような場は、記者の価値観や文化を理解したうえでセッティングすることが重要になる。

第3章

企業価値を高める広報対応術

不祥事報道の流れをつかむ！おくれまいと記者も必死！冷静で誠実な対応を心がけよ！

企業不祥事の発生からその後の経過を記者がどう見ているのか。広報対応のヒントがそこにある。

近年、日産自動車など有名メーカーの品質管理をめぐる問題が相次いで発覚している。書類やデータの組織的な改ざんが含まれているという点で、単純ミスや事故とは異なる次元の不祥事だ。筆者の経験から言えば、こうした問題は景気がピークアウトして急速に悪化する局面で起きやすい。日本経済の現状を考えると、しばらく同様のニュースが増えるかもしれない。広報としても、自社でそうした問題が発生してしまった際の対応方針を確認しておいたほうが良いだろう。

記者は「敵」ではない

有名企業の不祥事に直面した記者は、どのように取材にあたるのだろう。まずは、不祥事報道の流れを押さえておく必要がある［**図14**］。記者も、こうした展開を念頭に置いて、「今は何が

図14　企業不祥事をめぐる報道の流れ

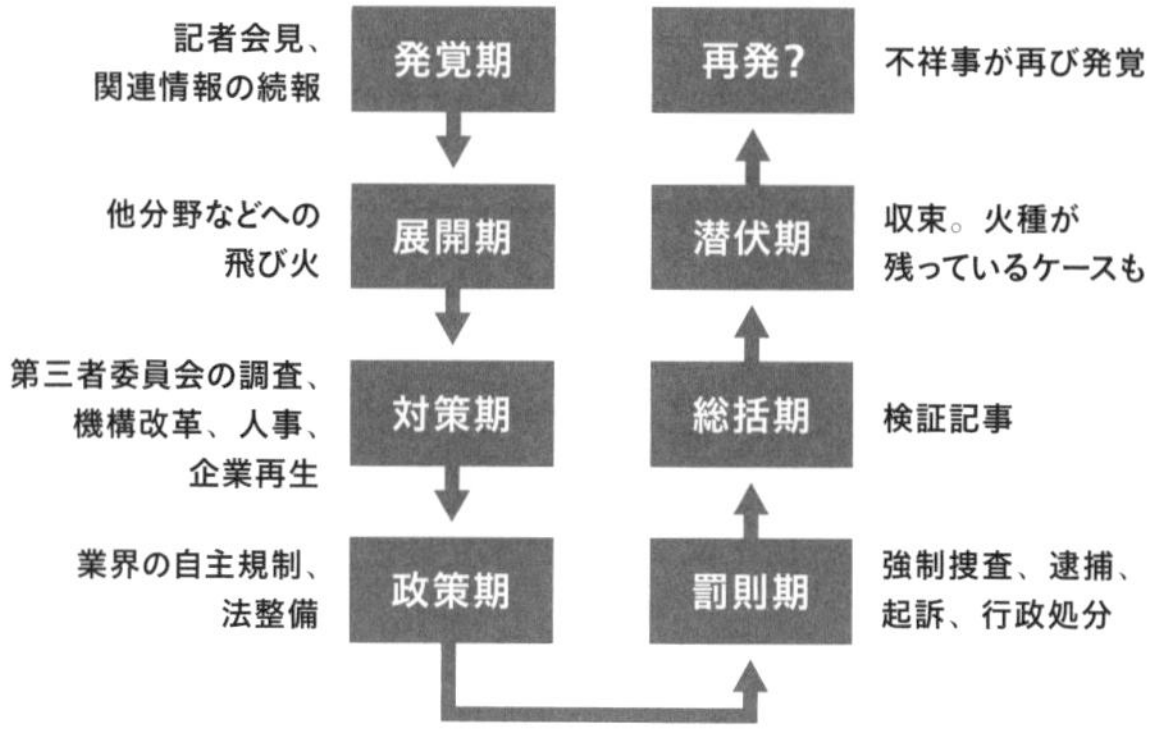

ニュースになるか」「次の節目のイベントは何か」を予測しながら取材する。スケジュール感は業界で共有されているので、次の局面に移ると記者が追うネタも一斉に変わっていく。

流れを順に追っていこう。

記者の側からすると、事件は企業や監督官庁の発表という形で、突然、降りかかってくることが多い。調査報道によって表沙汰になるケースもあるが、いずれにせよスクープした社を除けば、記者は不意打ちを食らった形で巻き込まれていくのである。

報道が最大の盛り上がりを見せるのは、この「発覚期」だ。突然のニュースは社会的なインパクトが大きく、ニュース価値が高くなるからだ。

この段階では、新聞・テレビはもちろん、雑誌やネット専業メディアなど、あらゆる媒体の記者たちが取材に参入する。新聞・テレビの中でも、日常的に取材をしている経済部に加え、社会部、科学部、政治部、解説部などさまざまな部署の記者が一斉に取材を始めることになる。

この時期、対応する広報としては、集中砲火を浴びている心理状態に陥るだろう。社会部や雑誌の記者から高圧的な言葉を浴びせられ、ショックを受けることもあるはずだ。

しかし、本質を見誤ってはならない。表面上は当該企業を袋だたきにしているように見えても、記者が戦っている本当の相手は「マスコミ内のライバル社」だからだ。

もちろん、ジャーナリズムは「権力を監視し、不正をただす」という責務を負っている。社会的に力のある大企業は権力の一角とみなされるので、その不正を糾弾するし、市民の怒りを代弁しようともする。

ただ、記者は同時に「ライバルより先に特ダネを報じる」というゲームのプレーヤーでもある。これまでも指摘してきたように、現実の記者の行動原理の中心にあるのは、スクープ競争で生き残ることなのだ。記者が殺気立っているのも、企業に対して怒っているというより、必死なのである。

この点を勘違いし、初動の段階で報道に敵対的な姿勢を取ってしまう企業や広報は少なくない。心境はよく理解できるが、これは逆効果だ。記者たちを本当に敵に回してしまう恐れがある。

心理作戦に乗らないこと

謝罪会見などで、記者が粗野で威圧的な言葉を発するのは、相手を動揺させて本音や失言、秘密を聞き出すためだ。倫理的には賛否があるだろうが、「あえて怒らせ、しゃべらせる」というのは、よく知られた手法なのである。

もうひとつの理由は心理作戦だ。会見でコワモテの印象を植えつけた後、一対一になったところで「私もおたくの立場はわかりますよ」と理解を示されると、ホッとして相手に親近感を持ってしまう。役割分担をして、社会部が高圧的に接した後で、経済部が「社会部の連中が失礼をしてすみません」と紳士的に対応し、味方だと思わせるのも典型的な手法だ。

いずれにせよ、個人的な怒りに任せて意地悪な質問や批判を浴びせる記者というのは、実際にはほとんどいない。単なる戦術の一環なのだ。広報の側も冷静に対処すべきだろう。

発覚期には、関連する話なら何でもニュースになる。このとき、別の分野や問題に飛び火すると、「展開期」が始まる。2015年に発覚した東洋ゴム工業（現TOYO TIRE）の性能データ偽装問題では、免震ゴムを使用したビルの建て替え問題に発展した他、鉄道車両向け製品でも不正が見つかった。東芝問題も、発端は不正会計だが、原発や半導体をめぐる産業政策にまで影響が及んだ。

これらの材料が出尽くすと、一般には収束に向けた動きが始まる。第三者委員会の設置やその調査報告、トップ交代の有無などが取材の焦点になってくるのである。事件が業績に深刻なダメージを与えた場合は、銀行や監督官庁による再生支援などもニュースになるだろう。M＆Aなどによる業界再編につながれば、それ自体が大きなニュースになることもある。

この段階になると、再発防止に向けて政策的な対応も始まるケースが多い。監督官庁が中心になり、法整備や自主規制ルールの見直しが進む。取材対象も、企業から役所や業界団体などに移っていく。

こうした検証作業が進む中で、「刑事事件に発展するか」など、企業や関係者へのペナルティーに注目が集まる。監督官庁による処分や、証券取引所による上場廃止が焦点になるケースも少なくない。

非協力的な企業をマークする

特に強制捜査や逮捕者の有無は、メディアにとって最大級の関心事だ。実際に刑事事件にまでは発展しない場合でも、記者としては判断材料を必死で集めることになる。

強制捜査などが実施されると、発覚期に次ぐ盛り上がりが生じる。ただし、捜査当局が動き始めても、強制捜査や容疑者の逮捕、起訴までには時間がかかるケースが少なくない。取材活動が活発になっても、報道が同じように増えるとは限らない。逆に、事件の性格によっては、消費者保護や証拠保全の観点から、当局がもっと早い段階で動くこともある。

主要イベントが一巡すると、❶全容解明、❷再発防止、❸処罰——という人々が求める3点セットがそろう。この段階になると検証記事が散発的に書かれた後、報道は沈静化していく。

ただ、報道合戦が終わっても、記者はその企業に大きなネタが残っている可能性が高いことを忘れない。特に、「捏造《ねつぞう》」「隠ぺい」が組織的に行われたケースは、似たような事件が再発する傾向がある。三菱自動車工業、東洋ゴム工業などの問題はその典型例だ。

記者の間では、取材に対して非協力的だったり、ウソをついたりした企業は高確率で問題が再発するという経験則も知られている。当然、こうした企業はその後もマークしていくのである。

報道を抑えるための情報発信とは?

炎上の渦中でさらなるネガティブ情報が発覚。

情報の出し方ひとつで、記者にとっての「スクープ」の大きさと価値が決まる。

2017年10月に浮上した神戸製鋼所の品質管理に関する不祥事では、その後も芋づる式にネガティブ情報が報道され、世間を騒がせていた。広報が最も真価を問われるのは、企業が危機に直面したときだ。神戸製鋼所の事例のように、不祥事や経営危機などが発覚すると、準備を整える間もなく報道合戦の渦に巻き込まれることが多い。その際、公表する情報の取捨選択や、報道機関とのコミュニケーションを誤れば、傷を深めてしまう結果になりかねない。

ポイントになるのは、新たに発覚したネガティブ情報の扱い。すでに世間から冷たい視線を浴びているところに、消費者の怒りを買いそうな問題や、取引先や株主に動揺を与えそうな事実が出てきたとき、どう対応するかが重要になる。

「攻め」「守り」どちらを選ぶ?

記者の側から見ていると、対応は大きく3つに分かれる。❶積極的に開示して誠実さをアピールする「攻め」タイプ、❷なるべく出さないようにする「守り」タイプ。❸方針が定まらず右往左往する「迷走」タイプ——だ。❸が論外なのはいうまでもないとして、広報担当として気になるのは❶と❷のどちらを選ぶべきか、ということだろう。

結論から言えば、長期で見るか短期で見るかによって評価は変わってくる。「攻め」タイプは、足元の報道は大きくなるが、記者の印象は良くなり、信頼回復過程ではポジティブな情報を出しやすくなる。逆に「守り」タイプは、足元の報道量を抑えられる半面、記者の印象を損ねて、反転攻勢の機会が遠のく。さらに、失敗すると「情報を隠している」と見られ、足元でも火に油を注いでしまうリスクがある。

ネガティブ情報が「お宝」になる

124ページでも述べたように、企業不祥事などが「炎上」している最中は、記者もてんてこ舞いになる。企業側の発表や会見を追いかけるだけでも大変なのに、新たな不祥事や関連分野への飛び火、企業や監督官庁の対応などにも目配りしなければならなくなるからだ。取材する部が複数にまたがると、組織内の調整も煩雑になる。記者も人間なので殺気立ってくるのだ。

世間の関心も高まっているので、新たなネガティブ情報が発表されればそれなりに大きく扱うことになる。見出しや記事のトーンも、「また不祥事が発覚」といったように厳しくなりがちだ。

企業からすれば、それがわかっていて公表に踏み切るのは勇気がいるだろう。詳しい状況を把握しないうちに発表すれば、取材や記者会見で突っ込まれ、かえって不信感を増してしまうという恐れもあるかもしれない。「しっかり調査して、全体像が見えてから発表したい」と対応を先延ばししたくなる心境は理解できる。

記者の側も仕事量が増えて忙しいので、情報漏えいを防ぐことができれば、発表まで気づかれない可能性はある。ほとぼりが冷めてから詳細を公表し、社内で「無用な炎上を防いだ」という評価を受けることができるケースもあるはずだ。「守り」の広報を選ぶ合理性は、それなりに高いのである。

ただし、この戦略は2つのリスクを抱えることになる。まず、ネガティブ情報を発表せず抱え込むということは、記者から見れば極めてニュース価値の高い「お宝」を持っているのと同義だ。それをスクープしたときの価値は、企業側が守りの壁を厚くするほど上がっていく。記者は特ダネをものにすれば高い評価を手にできるし、逆に抜かれれば敗者の汚名を引きずることになる。多くの場合、「この企業はどうも情報を隠しているようだ」という臭いをかぎつけた記者は、スクープへの欲と「抜かれ」「特オチ」への恐怖で必死になるのだ。

記者のうち一人でも、発表を先延ばしにしているネガティブ情報に気づいてしまえば、「守り」は裏目に出る。世間の不信感を高めるだけでなく、「ニュース価値」がさらに上がり取材競争を加速させてしまうからだ。

記者に不信感を抱かせない

当面の情報管理に成功しても、長期的な火種を残すこともある。広報が情報開示に消極的だということは、記者にはすぐ伝わる。短期的に報道を抑えることができても、そうした不信感というのは意外に長く残るものなのだ。

それは、現場の記者の大半が経験する「デスクの壁問題」に顕著にあらわれている。記者は、平時に企業のポジティブな話題を取り上げようとした際、デスクからボツにされたり、意地の悪いトーンに書き換えられたりすることがある。しかも、特定のデスクが特定の企業に異常に厳しい、というケースがしばしば見られるのだ。

広報を長くやっている方は、ポジティブネタを提供したはずが、皮肉な調子の記事が掲載されて驚いた経験があるかもしれない。記者は気まずそうに、「悪いデスクに当たってしまって」などと言い訳し、実際、その記者がだまし討ちをしたようにも見えない――。

こうしたケースでは、担当デスクが記者時代に、その企業に抜きがたい不信感を持つような経験をしていた可能性が大きい。「また騙されるかもしれない」という先入観があるので、記者が書いたポジティブな原稿も、リスクを回避しようと書き直してしまうのだ。もちろん、個人的な復讐《ふくしゅう》心も混じっているかもしれない。記者に誠実さを疑われる対応をしていると、将来的にはこうした「アンチ派」デスクを増やしてしまうことになりかねないのだ。もちろん、不祥事が起きたときに、こんなデスクが担当していると、目も当てられないことになる。

では、広報はどうすれば記者の不信を避けられるのだろう。まず、「守り」「攻め」のいずれをとるにせよ、ネガティブ情報の開示方針を、平時に定めておくべきだろう。そして、その原則は必ず経営陣としっかり共有しておく必要がある。

仮に「守り」を選ぶのなら、ネガティブ情報が漏れた場合に、「攻め」に比べ傷口が大きくなるリスクが高いことを経営陣が納得していなければならない。また、広報が情報を出さなければ、記者の取材は幹部などに向かう。裏返せば、広報は記者の動きがつかみづらくなる。また、当事者から情報が取れないとなれば、取引先や一般の従業員、退職した幹部らにも取材の対象が広がっていくことも説明しておくべきだろう。

「攻め」ならば、どういう形で情報を出すかを決めておく必要がある。例えば、新たな疑惑が浮上したら、第一報としてその事実を公表する。ただ、詳細を報告することはできないので、その代わりに今後の調査方針やその体制を公表する。公表後に調査が予定より長引く場合は途中経過を発表し、まとまった段階で再発防止策と一緒に出す、といったイメージだ。記事になる回数は増えるかもしれないが、ニュース価値が落ちるので、無用なスクープ合戦を招くリスクは減らせる。記者や世間に誠実な姿勢も印象づけられるだろう。

実際に炎上が始まってしまえば、冷静な判断はできなくなる。それぞれの方針のメリット、デメリットを経営陣に説明したうえで、いざというときブレないようにマニュアル化しておくのも手だろう。

会見はいつ、どこで開く？ 緊急記者会見は「公平さ」を意識して！

多くの人に正確な情報を伝えるための記者会見。目的に合わせた会場選びや開催時間の配慮次第で記者の満足度を左右し、報道のトーンにも直結する。

決算発表や株主総会などの会見は、記者だけでなく広報にとっても一大イベントだろう。定例の会見については、たいていの企業でマニュアルやノウハウが蓄積されているものだが、不祥事などの「緊急記者会見」は、前例がない企業も多いはずだ。手際が悪いと、記者を怒らせてしまうこともあるので注意が必要だ。

会見の会場は記者クラブ？

会見を開く際、広報担当者を待ち受ける最初の難題が会場の確保だ。会見当日にメディアに案内状を送る緊急記者会見でも、例えば合併に関する会見など前々から広報の耳にも入っていた案件であれば、広報側には十分な準備期間があり、会場も条件に合わせて選ぶことができる。

一方、事故対応やスキャンダルなどが広報にも知らされていない段階で出てしまった場合は選択肢が限られる。基本的には自社内か、自社が所属する業界を担当する記者クラブで開くことになる。どちらの会場を選ぶかは、会見の主導権を自社とメディアのどちらが握るかに影響する。自社の一室で開くのなら、司会から終了時間まで自社の都合で決められるが、記者クラブの場合はそうはいかない。

また、日ごろからつきあいの深いフリーライターや業界紙の記者を会見に呼びたいと思っても、クラブによっては〝加盟社しか出席を認めない〟ということがあるので注意が必要だ。最近は閉鎖的な記者クラブのあり方を改革する気運が高まっており幹事社と交渉すれば非加盟社の参加が認められるケースが増えている。ただ、その場合も質問権のない「オブザーバー参加」になることがある。

もちろん、記者クラブに加盟している記者からすれば、会見はクラブで開いてもらうほうが圧倒的に負担が軽い。緊急記者会見が入ると、記者は予定していた取材をキャンセルしたり、本社のデスクとどんな原稿を出すか相談したりと、対応に大わらわになる。そのうえ、クラブから会場に移動し、再び戻って原稿を書かなければならないとなると、慣れているとはいえ殺気立ってくる。

そういった意味では、同じ時間帯に別の会見が入っているなどの特殊事情がない限り、緊急記者会見は記者クラブで開いたほうが無難だろう。特に不祥事系の案件では、主導権をあえてメディア側に渡すことで、世間の批判や疑問に誠実に応えようとしている姿勢もアピールできる。逆に、自社で会見を仕切りたいという動機だけで記者に不便を強いれば、無用な反発を招きかねない。

午後3時スタートがベスト

会見の開始時刻も記者にとっては大問題だ。上場企業の場合、株価への影響を最小限に抑えるため、証券取引所の後場が終わった午後3時以降に開くことが多いだろう。記者も、新聞の夕刊やテレビの昼のニュースに向けた仕事が午後1時半ごろに一段落するので、午後3～4時にスタートする会見は出席しやすい。

ただし、夜になると翌日の朝刊や夕方・夜のニュースに向けた仕事が忙しくなってくる。メディアによって異なるが、午後6時ごろにはどんな原稿を出すか連絡したり、原稿を書いたりする作業が本格化する。

こうした時間帯に食い込んでしまうと、記者は会見の途中で原稿を書いて送る必要がある。要領を得ない発表だと記者がイライラし、荒れる原因になりかねない。冒頭の2～3分で原稿が書けるだけの材料がそろうよう、配布資料や発表者の発言を工夫したほうがいいだろう。

会見をセッティングする際には、以上のような記者側のロジスティクスを頭に入れておく必要がある。しかし、より重要なのは広報担当者がすべての記者に対してフェアに振る舞う姿勢だ。そもそも記者会見の目的は、報道を通じてなるべく多くの人に正確な情報を伝えること。出席できない記者を極力少なくし、取材や執筆の負担も減らす方向で努力すべきだろう。

地域では中継を使う手も

会場選びにおいても、多くの人に伝えるための工夫が必要だ。筆者も、広報から「本社機能が東京と大阪に分かれているが、どちらで会見を開いたらいいか」といった相談を受けたことがある。大手メディアは全国に取材拠点があり、地方メディアも通信社がカバーするので、どちらで開こうと報道はされる。しかしだからといって、どちらで開いても同じかといえば、そう単純な話でもない。

まず、地元メディアにとって会見の場所は「ホンモノの地元企業かどうか」を判断するための試金石となる。普段は地元企業であることをアピールしているのに重要な会見は東京で開いたとなれば、記者が「裏切られた」という印象を受けてもおかしくない。その後の取材や報道の優先順位に影響してくるだろう。

大手メディアもこの点は同じだ。筆者は日経新聞時代に東京と大阪の経済部で仕事をしたが、東西に本社機能が分かれている企業についても、メインの担当がどちらの経済部かは明確に決まっていた。これは「抜かれた」時の責任をはっきりさせるためだ。

責任を負う部が決まっていれば、普段の記事を書く記者も決まってくる。例えばその責任者が大阪の記者だったのにもかかわらず、緊急記者会見が東京で開かれたとすれば、一番事情を知っている記者が原稿を書けないことになる。担当記者の面目も丸つぶれだ。

こうした事態を避けるためには、東西の本社に会見場を用意し、メイン会場の様子をサブ会場に生中継するなどの配慮をするといいだろう。さらに、サブ会場の記者も質問できるようにすれば、遠隔地であっても担当記者が原稿を書ける。コロナ禍以降はリモート取材が一般的になっているので、こうした課題を抱える企業はぜひ取り入れてほしい。

会見の開催日時の設定についても同じことが言える。謝罪会見などネガティブな発表では、メディア露出をなるべく抑えたいというのが企業と広報の本音だろう。それでも、事前に予定がわかっている1面トップ級のイベントにぶつけたり、あえて締め切り時間ギリギリを狙って会見を始めたりするのは得策ではない。そうした小細工は記者に見透かされるし、かえって報道のトーンを厳しくすることになりかねないからだ。

確かにニュースが多い日に会見をぶつければ、割ける記者の数も減るし、紙面での扱いも小さくなるだろう。しかし、記者には「このニュースなら最低限、これだけの情報は出さなければならない」という相場観がある。当日の扱いは小さくせざるを得なくても、報じられなかった部分は後日、解説記事などの形で改めて載せるだけだ。また、「アンフェアな企業だ」という悪印象が残ってしまい、その不信感は報道を通じて読者や視聴者にも伝わっていく。やむを得ず、こうしたタイミングで会見を開く場合は、広報から事情を説明して謝罪し、故意ではないことを伝えたほうがいいだろう。

「炎上」の後に信頼回復する方法とは？記者が求める「成功物語」は困難な部分も含めたストーリー

企業や組織が不祥事を起こした後の信頼回復の過程では過熱報道や二次炎上を防ぐための広報対応が重要。

報道を通じて「改革成功のストーリー」を発信するには。

企業や組織の不祥事が相次いで報じられ、広報の対応も議論になっている。筆者は記者時代、不祥事を報じる中で、「それぞれのニュースは一定のエネルギーを持っている」と実感するようになった。不祥事報道は、そのエネルギーが使い果たされるまで、言いかえると記者たちが「報じ尽くした」と納得するまでは続く。報道の現場では、案件ごとにそうした暗黙の「相場観」が形成されるものなのだ。

そのエネルギーの総量は、ほとんどの場合、広報でも変えることができない。広報は、記者の関心が「発覚→展開→対策→政策→罰則→総括……」と移り変わっていく中で、「炎上の仕方」に影響を与えたり、経営陣などが不要な燃料追加をしないよう管理したりする「信頼回復」が最大の仕事になる。

起承転結をセットでアピール

企業が「炎上」を経て信頼回復を目指す局面に入ったとき、広報にとって重要なことは何だろう。記者の側から言えば、立て直しに向けたストーリー、言いかえると「泥臭い人間ドラマ」を見せてくれることを期待している。

記者という種族は、ニュースを逸話的に描こうとする。これは記者の特殊性というより、読者・視聴者である人間一般が、眼に映る事象を物語で理解する性質を持っているからだろう。古事記などの歴史書をひも解けば、人間が自然現象さえも物語に当てはめて納得しようとしてきたことがわかる。論理的で定量的な説明より、そのほうが幅広い人に理解され、印象に残るのだ。

記者は一般的に、「改革成功のストーリー」を次のように展開する。❶立て直しを託された新トップが計画を発表する、❷先頭に立って改革に取り組むが、社内からの抵抗にあうなど困難に直面する、❸そこでトップは一皮むける、❹そのことで組織の体質や雰囲気が変わり改革が成功する――という流れだ。

トップの部分をスポーツチームのキャプテンや戦闘ロボットを操縦するヒーローに置き換えれば、映画やドラマでおなじみのプロットになる。記者がコラムを書く際に多用する「起承転結」に当てはまることに気づいた人も多いだろう。それだけ、人々にとって説得力のあるストーリー展開だということだ。かつて一世を風靡《ふうび》したNHKの「プロジェクトX」もこのパターンだった。

言うまでもなく、広報が世間に対して最も印象づけなければならないのは❹だ。ところが❶～❹（＝起承転結）はセットになっていて切り離せない。読者の視点に立って考えてみてほしい。❸と❹だけを読まされてリアリティーを感じるだろうか。面白くないうえ、ウソくさい印象を持つはずだ。❸だけ外すと❹の意味がなくなるので、これも物語として成立しない。❹を印象づけるには❶と❷が不可欠なのである。

つまり、記者に「成功物語」を書かせるには、経営陣が何らかの困難に直面し、それを克服する過程を見せなければならない。そこが欠けていると面白くないので、そもそも書いてもらえないのである。

現実は正直に開示する

しかし現実問題として、改革が成功するかどうかわかっていない段階で「困難に直面している」という事実を表に出すのには勇気がいる。経営陣にしても広報にしても、「ほとぼりが冷めるまでは貝になって、成功したら公表したい」が本音だろう。

もちろんそれはひとつの選択肢ではある。ただ、改革が思うように進んでいない現実を正直に開示することにも利点があることを覚えておいてほしい。特に、❶組織の風通しがよくなる、❷改革に外圧を利用できる、❸マスコミを味方に付けられるという3つのメリットが大きい。

どういうことか。組織の構造問題のほとんどは風通しの悪さが原因になっている。現場が不都合な事実を隠して取り繕うことでリスクが膨らんでいくのだ。組織自体が公明正大に振る舞う姿勢を見せることは、現場に染みついた隠ぺい体質を変える第一歩になる。つまり、❶組織の風通しがよくなるということである。経営陣が正直に情報を開示しない限り、そうした病弊は治らない。

組織全体に第三者の目が注がれていることを意識させることも重要だ。❷改革に外圧を利用できるからだ。改革には必ず抵抗する社内勢力が現れる。しかし、組織の枠を超えて世間からも監視されていることに気づけば、表立った動きはできなくなるだろう。

そして、情報開示に積極的になれば、記者からの評価は確実に上がり、❸マスコミを味方に付けられるのだ。前向きな記事を書いてもらうのに、これは不可欠の条件だ。抵抗勢力が出てきたとき、それを批判するような記事を書いてもらうこともできるだろう。

その際、記者はこうした変化をストーリーで見せようとするとはいっても、きれいごとを並べただけのシナリオは採用しない。読者は成功体験だけが書かれたドラマに魅力も説得力も感じないからだ。むしろ先が見えない不安の中で登場人物が悩み、汗をかいている姿こそが感動をもたらす。そして、そうした困難を乗り越えた組織にだけ、人々は「本当に変わった」と信頼感を抱くのだ。

どちらの広報戦略が有効？

筆者が関わった案件では、りそな銀行が実質国有化されたとき、会長だった細谷英二氏（故人）が先頭に立って広報し、失敗や困難まで含めて再生への過程を世の中に示した。当時、社内外に抵抗勢力はたくさんいたが、マスコミを味方につけることによって抵抗を封じていった側面がある。

そうした戦略が成功した証しのひとつが、映画化で話題になった小説『空飛ぶタイヤ』（池井戸潤)。三菱自動車工業のリコール隠し事件が下敷きになったフィクションだが、作品中に明らかにりそな銀行がモデルだとわかる銀行が登場する。その好意的な描かれ方からは、著者が報道や取材を通じて同行に強い信頼感を持ったことがうかがえる。

逆に、この作品のテーマとなった三菱自動車工業は、リコール隠しが起きても経営陣の苦闘が見えにくく、その後も不祥事を繰り返した。ブランド回復につながるような報道は少なく、組織改革自体も失敗したといっていいだろう。筆者も当時何度か取材したが、広報の姿勢がりそな銀行とは対照的だった。多くの企業を見てきた経験から、「これはまた繰り返すな」と確信したのを覚えている。長い目で見たとき、どちらの戦略が有効かは明らかではないだろうか。

謝罪会見で記者が求めていること
不祥事発生時の記者会見で質疑応答のループを避けるには?

謝罪会見では、記者の質問と企業側の回答がかみ合わず、同じポイントばかり追及される〝ループ〟に入ってしまうことがある。記者は会見に何を求めているのか。

近年、日産自動車やSUBARUの不正検査問題（2017年9月、10月）、神戸製鋼所の製品検査データ改ざん（同年10月）、油圧機器メーカーKYBによる免震・制振装置の検査データ改ざん（2018年10月）など、品質検査をめぐる不正が相次いで発覚している。

そうした不祥事からの謝罪会見を見ていると、企業側の出席者と報道陣の間で会話がかみ合わず、お互いがフラストレーションを募らせていく場面が散見される。こうしたすれ違いはなぜ起きるのだろうか。

同じことを角度だけ変えて聞く

企業側からすれば、謝罪会見は「火消しのために、仕方なく開くもの」というのが本音かもしれない。フラッシュを浴びせられ、厳しい質問をぶつけられていると、「人民裁判」にかけられている気分にもなるだろう。

しかし、記者は企業を糾弾するために会場に集まっているわけではない。大きく分けると2つの明確な目的があるのだ［図15］。

第1の目的は、言うまでもなく〝事実の解明〟だ。何が起きたのか、なぜ起きたのかを読者や視聴者に代わって聞き、原稿にまとめるのが記者の使命なのである。

記事を書く際に必要な要素は、昔から「5W1H」（Who＝誰が、When＝いつ、Where＝どこ

図15　不祥事会見の目的

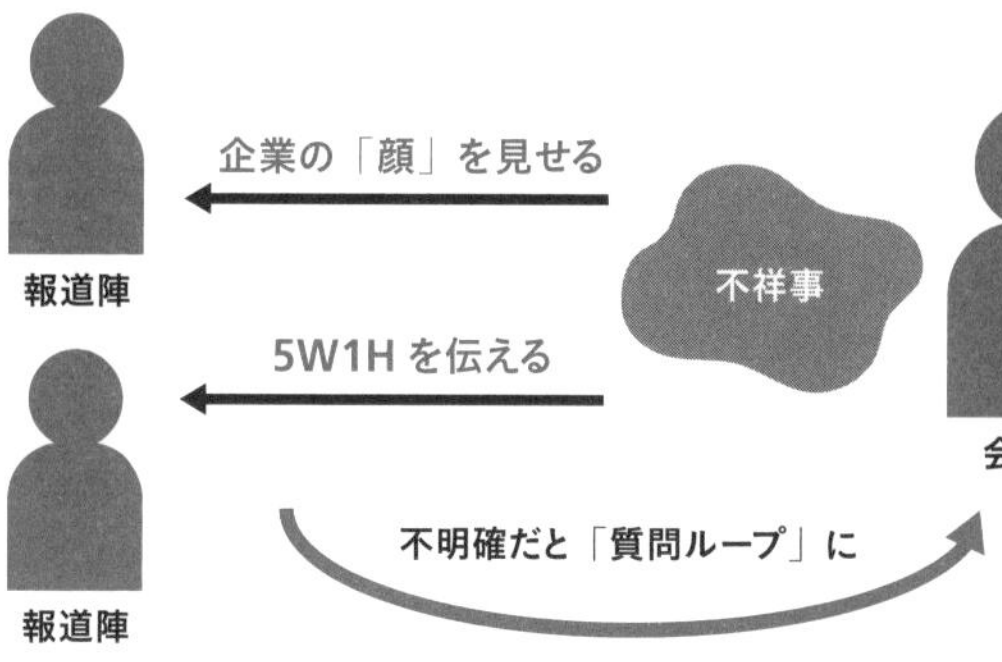

で、Ｗｈａｔ＝何をした、Ｗｈｙ＝なぜ、Ｈｏｗ＝どのように）という言葉で表される。記者はこれらの回答がすべてそろったと感じるまで質問を続ける。裏返すと、同じような質問が繰り返されるときは、記者が「会見者は原稿を書くうえで不可欠な情報を出していない」と感じている可能性が高い。

特に、「情報を隠しているのではないか」と感じたときには、それを聞き出そうと躍起になる。もし明らかにできなければ、読者や視聴者への使命を果たせず、記者として失格になるからだ。さらに、会見中に明確な回答が得られなかった場合には、その情報をめぐってスクープ競争が始まり、他社に「抜かれる」恐れも出てくる。

そうした際、口を割らせる手段としてよく使われるのが、同じことを角度だけ変えて繰り返し聞く方法だ。これは裁判の証人尋問などでもよく使われる。想像やウソを交えて答えていると、矛盾が生じてくるからだ。

こうした質問に対し、リスク回避のつもりで想定問答集の文言を繰り返すと、記者はかえって「やましい部分があるのでは」と疑いを深めてしまう。しかも「不誠実だ」と感じ、追及が厳しくなっていくのである。

一歩踏み込んだ回答も用意

質疑応答のループが生じやすいのは、5W1Hの中でも「原因（Why）」と「状況・方法（How）」をめぐる説明だ。不祥事の報道では最も重要な要素であり、記者としてはここで「見出しに取れる」くらいの新しい情報が出てこない限り、原稿が書けるか不安になるからだ。

企業にとっては、これらの情報は発生場所（Where）や時期（When）などのように、明確に答えることができない。責任問題にも影響するため、慎重に答えることになるが、それが記者のいら立ちを高める結果になる。

これは不幸なすれ違いだ。会見者には「その質問については、すでに可能な範囲で答えた」という意識がある。実際、主な5W1Hについては会見直前に配るプレスリリースに盛り込んでいるケースが多いだろう。

しかし記者からすれば、そこに書かれている情報だけで記事を書くなら、そもそも会見場に来ている意味がない。リリースに書かれている範囲でしか答えが返ってこないのであれば、それは「ゼロ回答」と同じなのだ。

だから、広報は質問が集中することが予測できる「Why」や「How」の部分については、「確認は取れていないが、現時点で考えられる可能性は〜だ」「推測でしかないが、〜ということも考えられる」など、一歩踏み込んだ答えも用意しておくほうがよい。

現時点で答えられないのであれば、「1カ月以内をめどに、なるべく早く公表する」などと目安だけでも示すべきだ。私自身、その一言がないために不毛なやりとりが続くという例を、何度も見てきた。

トップが自分の言葉で語ること

記者が会見場に足を運ぶ第2の目的は、読者や視聴者に不祥事企業の「顔」を見せるためだ。これは、新聞よりはテレビに強い意識だろう。

信頼や期待を裏切られた市民は、企業に対し不安を感じる。普段は商品・サービスやCMを通じてしか接していないが、「中」は一体どうなっているのだろう、と思うのは自然なことだ。だからメディアは、会見者の振る舞いや語られる内容から「トップはどんな人なのか」「組織としてきちんと機能しているのか」といった情報を切り出し、伝えようとする。

よく「記者会見にはトップが出るべきだ」と言われるのはこのためだ。企業の顔といえば最高経営責任者だろう。

だから記者たちは、トップが「自分の言葉」で語る瞬間を待っている。会見の冒頭で頭を下げ、リリースを読み上げても、それはいわば型通りの〝儀式〟でしかない。重要なのはその後に続く質疑応答だ。そこでいかに化粧を落とした「企業の素顔」が浮かび上がってくるかが期待されている。

想定問答集の言葉を繰り返すのは、この意味でも問題がある。「遺憾に思う」「再発防止に全力を挙げる」といった決まり文句は、何も言っていないのと同じ、と受け取られるのだ。そうなると、記者も本音を引き出そうとするので、またしても「質疑応答のループ」が始まってしまう。そういった状況を避けるため、広報は事前にトップから「自分の想い」を聞き出し、問題が生じないギリギリの答え方をアドバイスすることはできる。例えば、「じくじたる思いだ」といった文語的な表現ではなく「恥ずかしい」「悔しい」といった口語表現を使うだけでも印象は変わる。

記者があえて会見者をいら立たせる質問をぶつけるのも、隠している秘密や本音を引き出そうとしているときだ。トップとして最も敏感になる進退について質問するのも、辞めるかどうか以上に「どう答えるか」に注目しているのである。広報はこの点を意識して想定問答を用意し、会見者にも「素顔」をさらす覚悟を求めるべきだろう。

誤報や批判記事へのクレームの入れ方
記事への訂正・修正依頼は「顧客に対する責任」を提示して交渉を！

自社に関する誤報や批判記事を見つけたとき、どのように対応しているだろうか。多くの広報担当者にとって、報道機関へのクレームの申し入れは気の重い仕事だろう。会社を代表してクレームを入れなければならない一方で、やり方を間違えると記者との信頼関係が崩れるリスクもある。

取材した記者と広報の間で見解の相違があり、誤報や批判記事に対してクレームを入れる場合、読者や顧客に対する責任を強調することが大切だ。

明らかな誤報への対処法

筆者は日経新聞の記者時代、朝一番で広報から携帯に着信があると一気に目が覚めたものだ。

これがデスクやキャップからだと「抜かれ」を意味するが、広報の場合は大半が「クレーム」である。どちらにしろ、記者にとっては悪い知らせだ。

ほとんどは「記事に間違いがある」といった、こちらのミスを指摘するものだった。一方、「御社が実施した顧客満足度アンケートでわが社がライバル社より下になったのは納得できない」といった、言いがかりに近い抗議もあった。

記者からすると、クレームの種類はおおむね次の3つに分類できる。先に挙げた例は前者が❶記者の側に明らかな非があるケース、後者が❷自社の都合だけで抗議しているケースだ。そして、両者の間に❸記者と広報の間で見解の相違があるケースが存在する。

明らかに事実関係が間違っている記事については、気づいた段階で速やかに訂正を求めるべきだろう。日経新聞でも「名数の間違いは即訂正」という不文律があった。固有名詞と数字の間違いについては見解が分かれることはまずないので、翌日の紙面に訂正記事を載せなければならないという意味である。

その場合、間違いを指摘された記者は、キャップやデスクなど上司に報告する。日経では訂正記事を出すことになると、記者は「始末書」を書く決まりだった。間違いの内容と再発防止策、「紙面の評判を落とした」ことへの謝罪文を万年筆で便箋にしたためる。宛先は編集局長だった。一方、記事を担当したデスクも原稿の間違いを見逃した経緯や再発防止策を「顛末書」にして提出する。当然のことながら、記者の心理的ダメージは大きい。

そういう事情もあって、中には広報に「なんとかなりませんかね」と交渉する記者もいた。広報との間で話をつけ、誤報を握りつぶすのである。もちろん、上司にも届け出ない。読者から指摘があればごまかせなくなるが、一般の人が気づきにくい細かい間違いの場合、そうやって闇に葬られるケースもまれにあった。

しかしこれは、広報にとっても記者にとっても良い対応だとは言えない。広報にしても記者にしても、究極的な使命は正しい情報を読者・顧客に届けることだからだ。もし記者からそうした取引を持ちかけられたら、「我々は読者のことを第一に考える必要がありますよね」と説得したほうがよい。そう言われて抵抗する記者は少ないはずだ。

リリースに間違いがあることも

トラブルになるとすれば、プレスリリースの発表や取材の段階で広報が間違った説明をしていたケースだ。筆者は、社長交代のプレスリリースで人名の漢字が間違っており、そのまま記事にしてしまったことがある。

広報に電話取材した際も名前の間違いについて説明はなく、公式ホームページの役員一覧にも同じミスがあったので気づかなかった。広報はそのホームページを「コピペ」してリリースをつくったのだろう。

こうしたケースでは、素直に謝って訂正してもらうしかない。自社サイトにリリースの訂正とおわびを出せば記者も免責されるはずだ。

対応が難しいのは、広報と記者の間で見解の相違が生じたときだ。批判的なニュアンスが含まれる「角度をつけた」記事でよくあるパターンである。

物事は見る角度が違えば評価も異なる。記者はそれも踏まえ、なるべく多くの見方を紹介しなければならない。例えば商品のメリットだけを紹介すれば、上司から「これは報道ではなく広告だろう」と注意されることになる。

そういった場合、商品のデメリットや懸念点などの「抑え」と呼ばれる一文を入れるのだが、これが企業側に「マトはずれ」「悪意がある」と映ることはよくある。

これは事実誤認というより解釈の問題になるので、記者と論争してもラチがあかない。報道機関が「訂正記事」を出すことはまずないので、抗議すればするほど記者との関係だけが悪化していくことになる。では、どうすればいいのか。

記者の立場を理解して指摘を

こういった場合、いきなり「訂正」を迫るのは得策ではない。記者が、「この広報は事実と解

図16　「見解の相違」をめぐる話し合いは顧客の視点で

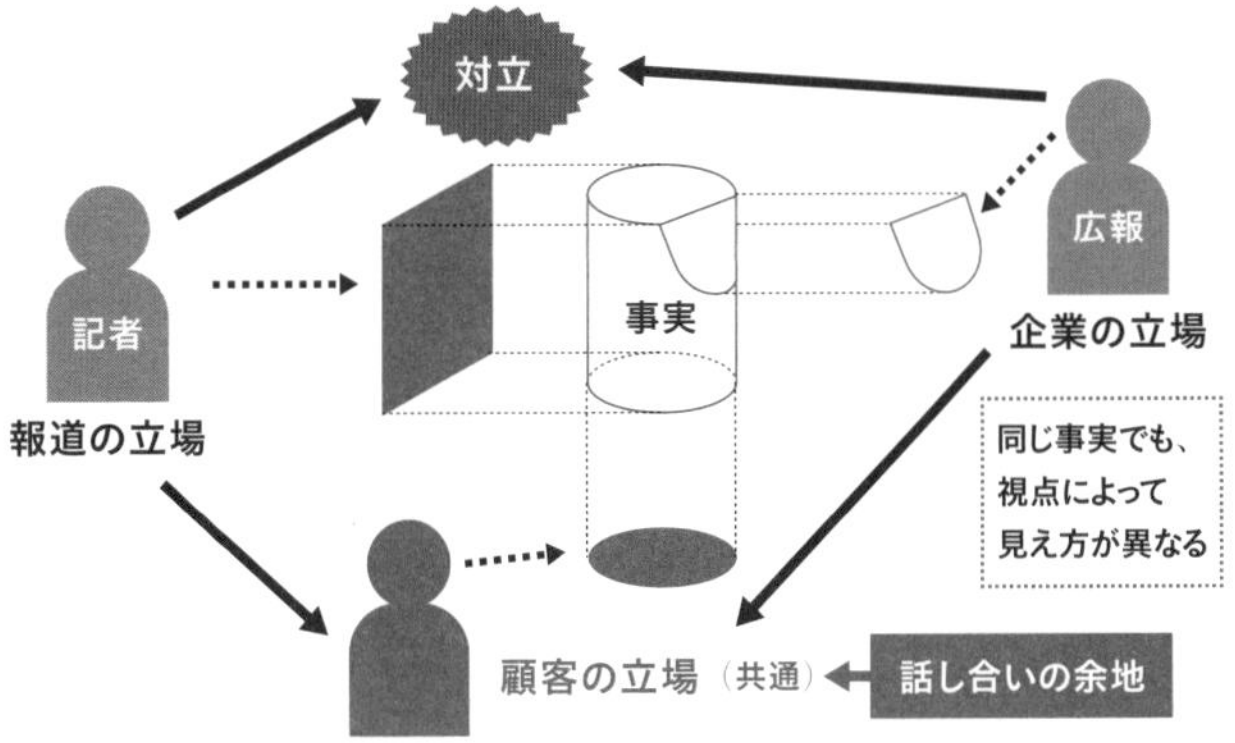

釈の区別がついていない」「言論の自由に対する圧力だ」と捉える可能性があるからだ。言論の自由は報道陣にとっての生命線なので、下手に批判すると逆鱗に触れることになりかねない。

記事を批判する場合は、「読者・顧客への情報提供のあり方として問題があるのではないか」という観点を強調すべきだ。これについては前述のように記者と広報が共有する価値観だからだ。例えば「情報が偏りすぎていて顧客の判断をかえって誤らせるのではないか」という指摘なら記者は受け入れる余地があるだろう［図16］。

その際、理解しておく必要があるのが、新聞やテレビなどの報道には字数や放送時間といった「枠」の制限があり、すべての見解や情報はそもそも伝えられない、という点。これを踏まえたうえで「次に報じる機会には自社の主張も紹介してほしい」といった交渉をすれば、記者も聞く耳を持つだろう。記者にとっては続報で「別の観点を紹介する」ことになるし、広報としても「事実上の訂正記事を出させた」ことになる。

記者は、報道側の立場を理解しているかどうかで広報を選別する傾向がある。「企業の論理」を前面に出した対応は、かえって自社の利益を損なうことがあるので注意が必要だ。

記者と上司との間で板挟みになった場合も、「報道の論理」を説明することで無用な対立は回避すべきだろう。

記者は第三者委員会報告書をどう読むか？ 不祥事後の調査報告会見は新事実を出すことで前向きな報道に！

昨今、世間の注目を集める企業や役所の不祥事では、第三者委員会による調査と報告が行われるのが通例だ。

経済記者としての経験から言えば、景気が悪化に転じる局面では、企業がらみの事件がよく起こる。好景気のうちに拡大しすぎた事業に無理が生じ、ごまかせなくなってくるからだろう。戦後有数の景気拡大に陰りが見えた平成の末期にも、世間の注目を集める企業や役所の不祥事が相次いだ。最近、こうした事態を収拾する際によく使われる手法が第三者委員会による調査と報告だ。ここでは、記者が第三者委員会の報告書をどのような視点から読んでいるかを解説しよう。

新事実の確認が最重要

第三者委員会による不祥事の調査が終わって報告書がまとまると、当該企業もしくは第三者委員会が記者会見を開く。会見では、最初に報告書と要約、企業側のコメントが紙で配られるのが一般的だ。記者はそれを受け取ると、急いで中身に目を通す。このときの記者の心境は「入試会場で、配られた問題に最初に目を通す瞬間」に似ている。実は記者の側も、発表者と同様、「自分たちが試されている」という感覚を持っているからだ。

このとき記者の頭の中にあるのは「過去・現在・未来」に関わる3つの視点だ。具体的には❶自分が事件について報じてきた見立ては正しかったのか、❷新しく判明した事実は何か（今日報じるべきニュースは何か）、❸次の焦点は何か（これから何を取材すべきか）――という問題意識だ。

順に説明しよう。第三者委員会が立ち上がるような事件では、記者たちは調査の途中経過も含め、それまでに相当な数の記事を書いているのが普通だ。報告書がまとまるころには自分なりに事件の構図を読み解き、論評する記事も書いているだろう。それが正しかったのかどうかは、記者にとっては大きな関心事だ。

ただし、それはいわば「答え合わせ」であり、会見時に最も重要なのは「新しく出てきた事実」の確認である。記者の仕事はニュースを報じることであり、ニュースとは文字通り「新しいこと（NEWS）」だからだ。答え合わせをしながら、同時にこれまで書き漏らしていたことが何かをチェックする。そして、質問などを通じて会見の場でニュースを発掘できそうな点がどこかを検討するのだ。

最後の視点が、「書かれていないことは何か」である。これが翌日以降の続報取材の焦点になる。中でも、第三者委員会の調査に対して当事者が重要な事実を隠している疑いがあれば、それを独自に解明することが次の仕事になる。

その後の質疑応答でも、記者は以上のような問題意識を持って質問する。報告書に書かれていることだけでは確信が持てない点を詰めていくのである。

「中身のなさ」がニュースに

裏返すと、この3つの疑問に的確に答えていない報告書は記者の反発を買い、時には「炎上」する。新潟県の地元アイドルグループ「NGT48」のメンバーへの暴行事件をめぐる調査報告は、その典型だった。芸能ニュースの範囲ではあるが、問題点があまりにも多いがゆえに企業広報という視点から見ても非常に参考になる。

2019年3月22日に運営会社「AKS」（東京・千代田）が新潟市内で開いた会見。出席した記者たちは「新しく判明した事実」がほとんどないことにがくぜんとしたはずだ。もちろん「既報が正しかったか」という観点から言えば、調査によって裏づけられた事実もあった。しかし、それは「答え合わせ」のレベルにとどまっており、被害女性本人が訴えていた内容からすると事実認定が後退している部分さえあった。

ようするに記者からするとこれは「ニュースが含まれていない」報告書であり、むしろ中身のなさ自体がニュース性を持ってしまったといえる。

記者たちが抱えている疑問は報道を見ていればわかるし、それはおおむね世間の関心とも重なっていた。第三者委員会はそれを知ってか知らずか、無視した形になった。記者から見ると「書かれていないことだらけ」の報告書であり、取材意欲に火をつける結果となった。そもそも疑惑の払拭《ふっしょく》が狙いだったのだから、まったく逆効果だったわけだ。

報告書に記者が取材で気づいていなかった事実がたくさん書かれていれば、記者は第三者委員会の力量や熱意を評価する。さらに言えば、調査を受けた側も真摯に協力し、ウミを出し切ろうとしていることが伝わるので前向きな報道につながる。しかし、現実には記者に不満を抱かせる報告書が多い。

第三者委員会方式のジレンマ

考えてみれば、第三者委員会が必要になるのは、不祥事が偶発的に起きたのではなく、組織に構造的な問題があるからだ。隠ぺい体質や、下が上に意見を言えない風通しの悪さといったガバナンス上の課題を抱えているのである。こうした組織では内部調査がうまくいかない。さらに、調査結果を世間が信用しないので第三者に介入してもらう必要が生じるのだ。

しかし、こういった組織は第三者委員会に対して非協力的だし、自分たちに都合の良い結果を出すよう圧力をかけがちだ。こうした状況は記者にも伝わるので、報告書を出しても「お手盛り」「第三者と言いながら独立性に疑問がある」といった批判を招く。そもそも第三者委員会方式の実態解明にはこうした根本的なジレンマが存在するのである。

だから、本気で信頼回復を目指すなら、第三者委員会に「報道で指摘された事実や問題はすべて検証のうえ認め、さらに既報ではない事実を発掘する」ことを依頼しなければならない。勇気のいることだが、当たり障りのない報告書で「お墨付き」をもらい、幕引きができると考えるのは甘すぎる。

同時に、以上のようなジレンマを抱える第三者委員会自体のあり方も見直す必要があるだろう。２０１０年には日本弁護士連合会が「企業等不祥事における第三者委員会ガイドライン」をまとめているが、十分に機能しているとは言いがたい。

実効性を持たせるには、専門機関を立ち上げ、報酬体系と役割を透明化する必要があるかもしれない。聞き取りの範囲と手法を標準化し、組織側の協力・抵抗の度合いを事前に決めた基準で評価して公表するなど一段の工夫が求められるだろう。

問題のある記者にどう対処するか？ 広報から発言の真意を伝え記者のゆがんだ解釈を防ぐ！

取材の際の発言を真意とは違った形で報道された経験はないだろうか。それが記者のコミュニケーション能力不足にある場合、広報担当から記者への積極的な働きかけが必要だ。

企業経営者の集まりなどで新聞社にいたと自己紹介すると、マスコミに取材を受けた際のグチを聞かされることがある。中でも多いのが「自分のコメントが意図と異なるニュアンスで引用された」「質問が要領を得ないので不安になった」といった苦言だ。残念ながら、こうしたケースは増えている印象がある。

そもそも報道は多様で複雑な現実から重要な部分を切り取って伝える作業だ。ありのままの姿では本質が見えにくいので、枝葉を落として「幹」だけ浮かび上がらせるのである。その意味で報道とはフレーミングという印象操作の側面を宿命的に帯びているとも言える。広報はこの点を踏まえて戦略・戦術を練らなければならないだろう。

その際、「何が本質か」については解釈の問題なので、広報と記者で見解が食い違うことがある。日本では報道の自由が認められているので、解釈を思い通りに変えさせることはできない。広報にできるのは「公式見解」を示して、記事に盛り込んでもらえるよう働きかけることくらいだ。

しかしそれ以前に、明らかにコミュニケーションに難がある記者も存在する。記者が取材の途中で「つまりこういうことですよね」と念押しをしてくるものの、それがことごとく発言の真意と食い違っているようなケースだ。

取材内容の要約メールも有効

これには、2つの原因が考えられる。第1は、記者のコミュニケーション能力自体に問題がある場合だ。

マスコミの記者職は不人気になったとはいえ、入社試験の倍率はそれなりに高い。なぜそういう人が記者になれるのか不思議だが、筆者もこういうタイプはときどき目にする。推測だが、面接官は「思い込みの激しさ」と「意志の強さ」を混同したのだろう。

相手の発言を常識的に解釈しないということは、あえて評価すれば常識にとらわれずに物事を見ているということだ。思い込みが激しい性格も、取材に欠かせない「粘り強さ」につながる面がある。実際、この手の記者は日常の取材でしょっちゅうトラブルを起こす反面、ときどき大スクープを取ることがあるのだ。トラブルを繰り返せば普通は取材業務のない部署に回すのだが、早い段階で大きな成果を上げるとそれが難しくなるというわけだ。

もっとも広報からすると迷惑な話で、対応を考える必要がある。記者がメモや録音などをする「オンレコ」の取材なら、広報側も取材内容を録音しておくのは鉄則だろう。そして、やりとりの途中で会話がかみ合っていないと感じたら、「今の発言はこういう意味だ」と改めて趣旨を説明したほうがよい。役員などへのインタビューに同席した場合、会話に割り込むのは気がひけるかもしれないが、記者のゆがんだ解釈がそのまま記事になるよりはマシだろう。

それでも危ないと感じたら、取材後すぐに発言の真意を誤解が生じない明確な言葉で文章化し、記者にメールなどで送ったほうがよい。これは、取材に応じた役員・社員側が誤解を招きそうな発言をした場合も同じだ。

その際に気をつけなければならないのは、細かいニュアンスを盛り込むためにくどくどと説明するのではなく、簡潔にまとめることだ。説明が長くなれば記者がそれを要約する際、結局食い違いが生じてしまうからである。

誘導尋問だと感じたら指摘する

これとは別に、記者が取材の前に記事のストーリーを決めてしまい、それに当てはまるコメントを取ろうとしているケースでも会話がすれ違う。いわゆる誘導尋問である。こういう取材は邪道だが、残念ながら増えている印象がある。記者の平均的な能力が下がったというより、人手不足などで取材時間に余裕がなくなったためだ。

記者がインタビューの前に「相手はこういう答えを返してくるだろう」と予測すること自体は基本動作のひとつだ。ただ、そうした想定が裏切られることはしばしばあるし、本来は「新しい切り口」につながる喜ばしい反応と言える。

しかし最近は、上司に「こういうストーリーで記事を書きます」と案を出して取材の了承を得たら、「話を聞いたら違っていました」と言い出しにくい雰囲気がある。ギリギリの人員で仕事をしているので、予定していた原稿をボツにしにくいのだ。コメント部分以外の「地の文」は書き上げていて、あとはカギカッコに当てはまる言葉を引き出すだけ、というケースも誘導尋問になりやすい。

いずれにせよ、これらは報道側の勝手な事情であって、広報としては不本意なコメントが載らないよう防御しなければならない。誘導尋問だと感じたら、まずは「記事のシナリオができあがっているんじゃないですか？」とけん制して反応を見るとよい。決め打ちの取材は記者にとっても後ろめたいものなので、それで態度が変わる可能性がある。

それでも止めない場合、「あなたはこういうコメントを引き出したいのだろうが、我々の立場はこうだ」とはっきり言うべきだ。曖昧にしておくとトラブルの元になる。

記者の上司に抗議をする場合

こうした対処をしても問題のある記事が出た場合は、記者に対して抗議することになるだろう。ただし、この手の記者は先述の通り頑固な場合が多いし、自社の専任担当であればトラブルが繰り返される恐れもある。そうした危険を感じたら、記者の上司に相談するといい。最近の記者は良くも悪くも組織人なので、取材の命令系統がどうなっているかを理解しておくことは広報にとっても重要だ。

ニュース部門の記者は大半が記者クラブ単位でチームを組んで仕事をしている。チームのリーダーを「キャップ」、次席を「サブキャップ」と呼ぶ。問題の記者が三席以下の記者なら、こうした責任者に苦情を持ち込むのが一般的だ。一般に、キャップは現場での作業に関してかなり大きな権限を持っている。

それでもラチがあかない場合は、担当デスクか、デスク陣を統括する筆頭デスクに話をする。さらにその上となれば部長と話すしかない。

ただし、あまり高圧的な対応をすると「言論の自由への圧力」と取られるリスクがある。報道機関にとってこれは死活問題なので、一気に態度が硬化する。抗議の際には感情的にならず、問題の所在を限定することが大切だ。

会見の生中継で変わる記者の行動

近年、注目度の高い記者会見ではネットによる完全生中継が定番化している。記者は存在感を示すために独白ネタを暴露する可能性があり、自社に都合の悪い情報を隠すことは難しくなった。

吉本興業のタレントが詐欺グループのパーティーなどに参加した問題は、2019年7月20日に雨上がり決死隊の宮迫博之氏とロンドンブーツ1号2号の田村亮氏が、2人で記者会見を開いたことをきっかけに大きなニュースになった。

岡本昭彦社長が同月22日に会見を行ったことで、芸能事務所の雇用契約をめぐる議論にまで発展。意外な広がりを見せた。実は「記者会見が持つ意味の変化」も、それと並んで一連の騒動が浮き彫りにした問題のひとつだ。

会見がインターネットで完全生中継され、一般の人が多数視聴したからだ。

従来は必要な情報を集める場

従来の会見は、記者が読者・視聴者に代わって当事者に話を聞く場だった。ところが近年はインターネットで冒頭から終わりまで生中継され、終了後はアーカイブで視聴できるケースが増えた。全文の書き起こしも当日中にアップされる。こうなると、記者にとっての会見の意味も変わってくる。端的に言えば「自分の活躍を見せる場」になりつつあるのだ。

会見は長らく、記者クラブを中心とする閉じたサークル内のイベントだった。もちろんテレビの生中継は昔からあるし、「公開の場」と位置づけられていたことも事実だ。しかし現実には番組の「尺」の関係上、中継時間には限りがある。記事やニュース番組で引用される発言も、ほんの一部でしかない。やりとりの大半は、一般市民の目に触れなかったのだ。

こうした時代には、記者にとって会見とは「原稿を書くのに必要な情報を集める場」でしかなかった。不祥事会見も、謝罪の言葉など記事に引用できるコメントをとり、細かい事実関係を確認する地味な仕事だった。その中には、登壇者をあえて怒らせて本音を引き出すようなテクニックを用いることも含まれていた。

求められるのはスター記者

ところが、会見者とのやりとりがすべて公開されるようになると、記者も一般の人に見られていることを意識せざるを得なくなった。本音を引き出すためだったとしても、高圧的な態度で質問すればネットで炎上する。専門的な質問をして重要な事実を聞き出しても、背景を知らない人からは「無意味なことしか聞いていない」と批判される。実際、元同僚らも「やりにくくなった」とぼやいている。

一方で、見ている人の胸の内を代弁するような批判を口にすれば「よくやった」と評価される。メディア不信が高まる中で市民の支持を得ることは死活問題なので、どうしても「ネットでウケる質問」をする動機が生まれてしまうのだ。

それが顕著なのはワイドショーなどテレビのスタッフだろう。もちろん、ネット中継が一般化する前も、有名キャスターが「現場で活躍している画を撮るため」だけに質問することはあった。しかし、今ではそれに加えいわゆる「ネット民」に存在感を示すことが目的としか思えない質問をするケースが増えている。

この流れは今後、他業界にも広がっていくだろう。すでに新聞業界でも、署名入りの論評やスクープだけではなく、「会見での質問」で存在感を示す記者が出てきた。

菅義偉官房長官（当時）とのバトルで有名になった東京新聞の望月衣塑子記者はその代表だ。同業者には苦々しく見る向きが多いが、彼女の著書を原案とする映画『新聞記者』はヒットした。読者、視聴者は彼女のような記者を支持しているということだ。斜陽の新聞業界は、会見で活躍するスター記者をますます必要とするようになるはずだ。

新聞の主戦場は紙からネットに

こうした傾向は、企業側には大きな負担となる。会見がショー化することで、これまで以上につるし上げに遭うリスクが高まるからだ。

従来、新聞記者は企業が情報を隠していることを知っていても、会見の場で暴露することは絶対になかった。スクープのチャンスをふいにしてしまうからだ。

それどころか、「記事を書くうえで必要最低限の質問しかしない」のが鉄則だった。質問をすれば、自分が何を知り、何を知らないか、どの点に興味を持っているかなどをライバルに教えることになるからだ。勝負の場は翌日の朝刊であり、会見場ではない。わからないことがあれば、会見後の「夜回り」でライバルに知られないように聞けば良いのだ。

しかし、新聞の主戦場は紙からネットに移りつつある。朝日新聞による、2018年11月のカルロス・ゴーン日産会長（当時）逮捕のスクープもネット速報だった。筆者の古巣である日経新聞でも、かつてなら朝刊の最終版に入れていた独自ネタを先に電子版で流すケースが増えた。

こうなると、記者側の会見戦術も変わっていくだろう。質問をしなければ、ネットで「あの新聞社はやる気があるのか」「会見者に忖度しているのでは」とたたかれかねない。厳しい質問を浴びせることで名を売ろうとする記者は増えるはずだ。

例えば会見で質問し、相手からごまかしの回答を引き出したうえで、独自につかんだ情報をぶつける。「実はこんな資料を持っています。もう一度答えてください」などと言えば、自社サイトへのアクセスは殺到し、スクープと同じ効果が得られるだろう。

これは国会論戦で野党が使う手法だが、筆者は記者会見に持ち込まれるのは時間の問題だと考えている。そもそも新聞記者は、企業が会見で明らかにする以上の重要情報を握ったうえで会場に来ていることが少なくないからだ。

記者の数では新聞に負けるテレビも、例えば内部事情に詳しい人にネットで中継を見てもらい、リアルタイムでアドバイスをもらいながら質問することはできる。

これからは、手持ちの情報を会見で出さないことは、それを衆人環視の中で暴露されるリスクと隣り合わせだということだ。

それでなくても、企業が都合の悪い情報を隠すことによるリスクは高まっている。吉本興業の例でも、たたかれていたタレントが会社側の制止を振り切って会見を開き、「謝罪を止められていた」と主張したことで完全に世論の風向きが変わった。

世論は隠ぺいやごまかしに敏感だ。広報戦略を立てるうえでも、これまで以上に透明性を重視する必要があるだろう。

マスコミの逆鱗に触れる「事前チェック」

戦前戦後の検閲から解放され報道の自由を手に入れた記者にとって、公開前の原稿を取材先に見せることは「編集権」の侵害にあたる。

確認依頼は、コメントの引用など正当な理由がある部分に限るべきだ。

新聞やテレビの記者と読者・視聴者の間には、さまざまな「意識差」がある。2019年7月に発生した京都アニメーション放火殺人事件の報道では、犠牲者の実名公開に対する捉え方の違いが浮き彫りになった。実は、これとよく似たギャップが記者と広報の間で生じることがある。記事や放送内容の「事前チェック」をめぐる認識の違いだ。

ゲラを見せるのはタブー

広報経験が浅いと、新聞記者に対して軽い気持ちで「出す前に原稿を見せてくださいね」などと言うケースがあるかもしれない。こうした依頼をすれば、逆鱗に触れる可能性がある。相手は「何を考えているんだ！」と声を荒らげることすらあるかもしれない。

このとき広報に、「都合の悪いことを書かれないように監視しよう」という意図はないだろう。むしろ「(誤報にならないように)こちらでも事実関係を確認しましょう」などと、善意から申し出ているケースも多いはずだ。しかし、記者の目には、こうした言動は「検閲」や「言論への不当な介入」の兆候と映るのだ。

実は一般紙の記者にとって、ゲラなどを取材先に見せることはタブーである。それがバレれば、記者職を外されても文句は言えない。もちろん、外部ライターの寄稿文や取材に答えたコメントは、本人に著作権があるので別だ。ただ、それを掲載するかどうかや、記事や紙面全体の中でどう扱うかについては、新聞社は誰にも介入されないで決める権利があると考えている。

これがいわゆる「編集権」で、マスコミにとっては報道の自由を守る生命線と言ってよい。業界では、記事の事前チェックを野放図に許せば、この前提が揺らぎかねないとの認識が共有されている。

ゲラの扱いは媒体によって異なる。一般紙は最も敏感で、ゲラの外出しはほぼ禁止事項。ジャーナリズムを標榜している雑誌も制約を設けているのが普通だ。ゲラを見せるのは報道で批判する相手に反論コメントを求める場合などに限定しており、取材源に迷惑をかけたり介入を招いたりする恐れがあれば見せない。取材先からお金をもらうタイアップ記事がある雑誌や業界紙では抵抗なくゲラを見せるだろうが、それらと純粋な「報道機関」は分けて考える必要があるのだ。

警戒感の裏には検閲の歴史

検閲と聞いて、「何を大げさな」と思う人も多いだろう。過剰に見える記者たちの警戒感は、政府がかつて軍事上の必要性などを盾にマスコミに対する情報統制を強めた歴史を知らなければ理解できない。新聞社には、それを受け入れた結果、国民を破滅に導いてしまったという強烈な反省があるのだ。

周知の通り、戦前の日本では政府による検閲が行われていた。軍事情報の他、社会主義など治安を乱すとされた思想についての報道も取り締まりの対象だった。

そうした報道への介入を経て、新聞は事実を報じられなくなっていった。太平洋戦争が始まると統制はますます厳しくなり、国の発表を垂れ流す「大本営発表」が常態化していく。軍や政府への健全な批判までもができなくなり、国民は事実を知らされないまま戦争の惨禍に巻き込まれていった。

戦後も続いていた検閲

戦後も、新たな統治者となった連合国軍総司令部（GHQ）のもとで検閲が続いた。表面的には1947年に日本国憲法が施行され、第21条では「集会、結社及び言論、出版その他一切の表現の自由は、これを保障する。検閲は、これをしてはならない」とうたわれた。

しかし実際には、米兵の犯罪や原爆の被害など、GHQに都合の悪い報道はすべて事前に差し止められた。記者たちはせいぜい、米兵による殺人や性犯罪を「目撃者によると犯人は大男だった」などと暗示して抵抗するくらいしか手がなかったのだ（この方法もすぐにバレて禁止された）。

しかも戦前と異なり、GHQの検閲は存在自体、ほとんどの国民には知らされなかった。記者たちは「大本営発表」への反省から再出発しながら、戦後も「国民をだましている」という罪悪感に苦しむことになったのだ。

1952年の主権回復（沖縄県は1972年の本土復帰により主権回復）によって報道の自由を取り戻

したマスコミが、「もう二度と検閲を許してはならない」と強く誓ったのは当然のことだった。

記者がゲラなどの事前チェックに拒否反応を示すのには、こうした背景がある。だから、やむを得ない事情があって事前チェックを依頼する場合でも、コメントのクオート（引用）など正当な理由がある部分に限るべきだし、持ちかけ方にも細心の注意を払う必要がある。

原稿・映像の事前提出に疑問

その意味で、最近、筆者が危惧を感じたのは2019年8月に始まった現代アートの祭典「あいちトリエンナーレ」のプレス対応だ。このイベントでは「表現の不自由展・その後」が脅迫を受けて中止になり、議論を呼んだ。この騒動自体もさまざまな教訓を含んでいるが、筆者の目を引いたのは公式サイトの取材申し込みページだ。

「紙面掲載、番組放送前に原稿を確認させていただいております」と明記し、校正段階での原稿・映像などを事前に広報専用アドレス宛てにメールで提出するよう求めていたからである。実行委員会の広報によると、作品の著作権を守るための措置で、芸術祭では一般的な対応だという。実際の運用では新聞社などのゲラをチェックしているわけではないという。

だとしても、筆者が公的な組織が事前検閲と受け取られかねない対応を公式サイトで堂々と宣言した例を見たのは初めてだ。複数の全国紙記者にも確認したが「初めて聞いた」「非常識だ」

という反応だった。目玉イベントが「表現の自由」をテーマにしたものだったことも考えれば、これは無神経と言われてもしかたがないだろう。

検閲制度が名実ともになくなり数十年の時が流れた。市民も記者も、報道への介入がどのような結果を生むか、忘れ始めているのかもしれない。マスコミ自身が招いた報道への不信が、事前チェックへの抵抗感を薄れさせているのだとすれば、記者の側にも大いに反省すべき点があるだろう。

しかし、記者の行動原理を理解したうえでつきあうには、そうした歴史的経緯も踏まえておく必要がある。たとえ自分にその気がなくても、相手が検閲の匂いを感じてしまえば、信頼関係が根本から壊れかねないからだ。

記者と広報、「越えてはいけない一線」とは？
記者がリリース代筆で退職処分、市民の信用を失う行動はタブー

2019年9月に企業の広報文を代筆した日経の記者が諭旨退職処分となった。

このように記者が「越えてはいけない一線」はいくつかある。

過去の事例を元に、記者と広報のあるべき関係性について解説する。

筆者が日本経済新聞社を退職して数年たつが、今でも週刊誌などに同社がらみのニュースが出ると、連絡してくる関係者が何人かいる。「日経についてこんな記事が載っていたよ」と教えてくれるのだ。2019年9月は「週刊文春」が2度も日経ネタを報じたので騒がしかった。

うちひとつについては毎日新聞も報じている。「日経新聞記者、諭旨退職処分 企業の広報文代筆」(9月19日付朝刊)という記事だ。同紙によると、企業報道部に所属する40代の記者が、取材先企業のプレスリリースを代筆。「記者として倫理上の問題が確認された」として処分されたのだという。

文春は、その企業と記者の間にトラブルが生じていたと報じているので、リリース代筆は処分理由の一部にすぎないのかもしれない。いずれにせよ、日経としては記者と取材先との不健全な関係を疑われてもしかたがないと判断して処分したわけだ。

過去には株取引や法案作成も

では、記者が取材先とつきあううえで「越えてはいけない一線」はどこにあるのだろう。

これは、なかなか難しい問題だ。コンプライアンスが厳しくなったとはいえ、記者の取材手法は多様なので、禁止事項を細かく定めるのは現実的ではない。大部分は「業界の慣行」や「それぞれの記者の相場観」に基づいて取るべき距離を判断しているのが現状だ。日経のケースも内規に「企業のプレスリリースを代筆したら諭旨退職処分」などと書かれていたわけではないだろう（少なくとも筆者には、そうした内規を見た記憶がない）。

そもそも禁止事項は報道機関によって異なる。例えば日経では、自社株を除き企業の株式を買うことは禁じられていた。相続などで株を持っている記者も会社に届ける。これはインサイダー取引の防止が第1の目的だが、取材先の株を持つことによる利益相反を避ける意味もあった。

しかし、日経ほど厳しい規定を設けていない新聞社も少なくないはずだ。日経は経済紙なので、もともと株取引を原則禁止にしていたうえ、社員のインサイダー取引事件が起きたため規定を細かくした経緯がある。そうした事件のなかった社では、記者が友人の設立した会社を応援する目的で株を持つといったケースを明確に禁じていないかもしれない。

基準は時代によっても変わる。筆者は、すでに亡くなった大物政治家の元秘書から、ある法案の作成に大手紙の記者が深く関わっていたと聞いたことがある。裏を取ったわけではないが、その元秘書の話を聞く限り根も葉もない話ではなさそうだった。

本当だとすればプレスリリースを代筆したどころの騒ぎではないが、その記者は順調に出世しているようだ。現役時代でも公言できる行為ではなかっただろうが、当時の政治記者にとってはぎりぎりグレーゾーンだったのだろう。

ただ、当時も今も「一発アウト」の一線はある。それは記者が記事を書くなどした対価として取材先からカネを受け取るケースだ。もちろん、雑誌や専門紙の中にはそうしたビジネスをしている例もあるが、少なくとも日本新聞協会に加盟しているような報道機関では許されない。報道は「広告」ではないからだ。

シェア減を招いた西山事件

もうひとつ、業界でタブー視されているのは取材先との恋愛関係を利用して情報を得る方法だ。これは1972年に起きた「西山事件」が影響している。日米政府が沖縄の本土復帰の交渉をする中で結んだ密約が漏えいした事件だ。

日本政府は、米国が沖縄から引き上げる際の原状回復費用を日本側が負担するという条件を呑んだ。しかし、国民には公表しなかった。この秘密協定をつかんだのが毎日新聞の記者、西山太吉氏だった。それだけならスター記者の仲間入りだが、問題は情報の入手経路にあった。肉体関係を持った外務省の女性職員から資料をもらっていたのである。二人はいずれも既婚者だった。

二人は逮捕され、国家公務員法違反などで有罪になる。その過程で記者が職員と「ひそかに情を通じ」、その関係を利用して情報を入手したことが暴露されると、世間の関心は密約の有無より不倫関係に集まってしまった。批判を浴びた毎日新聞は、ライバル紙のネガティブキャンペーンもあって解約が相次ぎシェアを奪われた。

この事件をどう評価するかは今も議論が続いている。日本政府は密約を否定していたが、後に米国の情報公開などで実際に存在したことが明らかになっている。記者の取材によって国民が知るべき情報が明らかになったことは事実なのだ。

一方、結果として記者が取材源を守れなかったことや、密約の内容を記事にする前に、野党議員に渡して国会で質問させたことについては批判もある。実は2019年に西山氏自身が経緯について説明した『記者と国家』(岩波書店)を出版しているので、興味のある方は読んでほしい。

「世間の常識」を意識して

いずれにしても、重要なのは記者と広報の立場の違いと共通点をきちんと認識してつきあうことだ。記者の使命は、一般市民では手に入らない情報を集めて提供すること。これは民主主義社会において重要な役割なので、歴史的に取材手法については大きな裁量が認められてきた。

しかし、メディア不信やコンプライアンス意識の高まりにより、世間の許容範囲はどんどん狭まっている。もし人々が「不正な手段だ」と判断したら、西山事件のように報道内容に価値があったとしても受け入れてもらえないだろう。

一方、企業にとっても記者と癒着していると見られることはダメージになる。広報の役割は報道機関を通じて所属する組織の主張を社会に理解してもらうことだ。記者を抱き込んで都合のいい報道をさせても、その内容が信用されなければ意味がない。

記者と広報には「監視する側と監視される側」といった立場の違いがある。一方、市民に正しい情報を伝えなければならないという意味で、その使命には重なる部分もある。そして、どちらの活動も前提条件は公正な活動をしていると市民から信頼されていることだ。

裏返せば、法令や内規に違反していなくても、情報を受け取る人々の信用を失う行動をとれば使命を果たせないのである。その意味では、どちらの側にも「世間の常識」がどこにあるのかを意識することが、これまで以上に重要になっている。

記者から「最終確認」の電話がきたときは？

記者がスクープを出す直前にかける確認電話。

この電話を受けた広報は、認めるべきか、煙に巻くべきか。

メリット・デメリットを知り、適切な対応を選択する必要がある。

広報にとって、記者から深夜にかかってくる電話は嫌なものに違いない。翌日の朝刊にスクープ記事を入れるという「最終確認」の電話かもしれないからだ。

記者はスクープを出すとき、直前に広報や企業トップに電話することが多い。情報が漏れて他社に追いつかれるのを防ぐため、新聞社なら最終版の締め切り直前に「当てる」のが普通だ。駄目押しの確認をしたり、当事者としてのコメントを求めたりするのである。

こうした電話がかかってきたとき、認めるのかごまかすのかは悩ましい問題だろう。実際、広報向けセミナーの後に、こっそり質問されることがある。もちろんケース・バイ・ケースなので模範解答はないのだが、いざというときに備えて選択肢とそれぞれのメリット・デメリットは押さえておく必要がある。

「ノーコメント」には要注意

記者が締め切り直前に電話をかけるのは、すでに裏取りはすませて記事の掲載も決まっているケースと、予定稿は用意しているものの確信が持てていないケースに分けられる。

どちらの状態なのか電話口で判断するには経験が必要だ。後者でも、記者はすべてを知っているかのような口ぶりでカマをかけることがあるからだ。トップ人事なら「〇〇さんが社長に昇格されるそうですね。明日の朝刊で打たせてもらいます」といった感じだ。本当は詰め切れていないのだが、相手が「知られてしまったならしかたがない」と認めるのを期待しているわけだ。

もっとも、私の経験から言えば、こんな安っぽい手に引っかかる人はほとんどいない。また、こういう取材を繰り返していると相手の信頼を失うので、後輩には勧めなかった。ただ、この手のブラフ（はったり）も成功確率がゼロというわけではない。例えば社長に内定した本人に当ててもごまかされるので、家で待っている奥さんに電話して「社長昇格、おめでとうございます！」と言ったら、「そうなのよ。ありがとうございます」とあっさり認めたという武勇伝を先輩から聞いたことがある。

それはともかく、広報としては落ち着いてやりとりしながら、相手が本当に証拠を握っているのか確かめるしかない。この部分は記者と広報の普段の関係にも影響されるので「こうすればうまくいく」という方程式はない。

もし記者がブラフをかけているだけだと確信できれば、「どうなんでしょうね」「もう少し取材を続けてみてはいかがですか？」などと、言質を取られないように煙に巻けばよい。記者の側にも負い目があるので諦める可能性が高い。

注意したいのは、「ノーコメントです」「イエスともノーとも言えません」といったしゃくし定規な対応だ。何が怖いかと言えば、「ノーコメント」と聞いて「認めた」と解釈する記者がときどきいるのである。

もちろん、記者と取材先の長いつきあいの中で、「ノーコメント」が「イエス」の符丁になっているケースはある。例えば、当てた情報が間違っている場合は必ず「違います」と明確に否定してくれる広報が、「ノーコメント」と言ったときは、「当たっていますよ」というメッセージかもしれない。しかし、そういう取材を繰り返すうちに、「ノーコメント＝イエス」と短絡して思い込んでしまう記者がまれにいるのだ。

こういう記者は、当然のことながら誤報を出しやすい。だから、新任の担当記者については、その記者の同僚や前に担当した業界の広報などから評判を聞いておいたほうがいい。もし「誤報が多い」といったうわさがある場合は、その記者のブラフが当たっていようが外れていようが、返答には細心の注意を払うべきだろう。

広報がウソをつくのは逆効果

広報として絶対に避けるべきなのは「ウソをつく」ことだ。例えば、当ててきた内容が正しいのに「それは違います」「書いたら誤報になりますよ」などと明確に否定するのは最悪の対応だ。

記者がすでに裏を取っているとしよう。この場合、広報が否定しても記事は止められない可能

図17 「最終確認」の電話がきたら

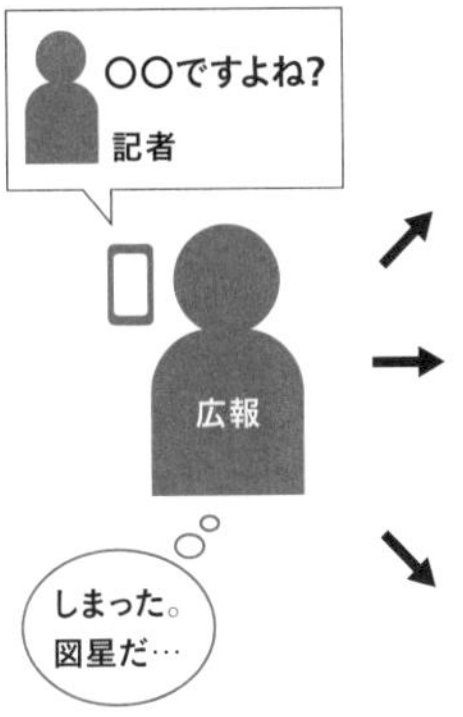

	メリット	デメリット
嘘をつく	記事化が遅れることも	記者の信頼を失う 「ウソをついた」と書かれる 報復を受ける
煙に巻く	記事化が遅れることも 恨みはそれほど買わない	記者に確信があれば効果なし メッセージを誤解される恐れも
認める	記者の信頼を得られる 記事が過度に批判的にならない	すぐ記事化される

性が高い。しかも、記事の中に「広報は取材に対しこれを否定した」などと書かれる恐れがある。実際には正しいのだから、後日開く記者会見などで「隠ぺいするつもりだったのではないか」と追及されることになりかねない。

もちろん、ウソの答えによって記事の掲載を遅らせることはできるかもしれない。私自身も経験があるが、強く否定されれば上司が「広報がそこまで否定しているなら念のため待とう」と言い出すケースがないわけではないのだ。しかし、掲載を見送った後で他社にすっぱ抜かれたり、当事者がプレスリリースを出したりすれば、記者の怒りは簡単にはおさまらない。

まず、記者は広報の言うことを一切信じなくなるだろう。それどころか、「隠ぺい体質の企業だ」ということになり、不祥事を隠していないか厳し

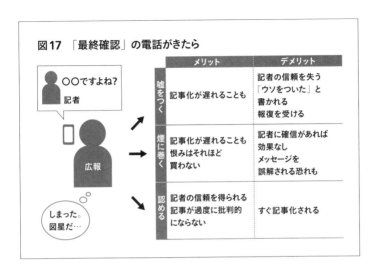

く監視されることになる。

さらに、記者が広報に情報を当てなくなると、相手が何を取材しているのか見えなくなってしまう。実は、記者が確信を持っているのに広報に電話をかける裏には、「記事が出ることを事前に知らせ、プレスリリースの準備などができるよう配慮する」という面がある。相手に大きな影響を与える記事を出す際にも、輪転機が回り始めた後に「実はこういう記事を朝刊に入れました」などと通告することがある。これは業界で「仁義を切る」と言い、広報との信頼関係を維持するためのお作法だ。しかし、信頼関係がなければ配慮は不要。広報は朝刊を見るまで記事について知らないことになる。

現役時代、こういう「ウソ」をつかれた場合は徹底的に報復するのがセオリーだった。ウソを許してしまえば、取材が成り立たなくなる。他社への戒めにするためにも、取材先の問題点を全部洗い出し、広報への通告なしで記事にしていく。ときどき新聞やテレビで「なぜこの会社はここまでたたかれるのだろう」と不思議に思うケースがあるのではないだろうか。そういう会社は、たいていそれまでに不誠実な取材対応をしているのだ。

広報にとって、企業秘密やネガティブ情報が報じられるのを防ぐことは大事な役目だ。ただ、それは記者との信頼関係を維持してこそ可能になる。記事が出るのを1日遅らせるためにウソをつくのは割に合わない対応だと言えるだろう。

第4章

不確実性の時代、これからの広報の行方

記者にも広がる「働き方改革」の余波
増える調査報道に広報はどう対応する？

昨今、マスコミ業界でも「働き方改革」が推進されるようになってきた。それに伴い、記者の取材スタイルや記事の方向性も変化しつつある。原稿化のしやすさや、調査報道も視野に入れた広報対応が求められる。毎日のように報じられる「働き方改革」に関するニュース。しかし、その改革が最も遅れている業界のひとつが、何を隠そうマスコミ業界である。電通やＮＨＫでの過労死問題をきっかけに、取材現場でも深夜や休日の労働時間を短縮する動きが広がっている。その余波がカウンターパートである広報業界に及ぶのは間違いない。今回は、記者たちの働き方の変化に、広報がどう対応すべきか考えてみよう。

締め切りも前倒しに

「最近、夜回りがしにくくなって……」。古巣である日経新聞の記者と会うと、必ずこうしたグチを聞かされることになる。早く帰宅できるなら喜びそうなものだが、記者たちの顔はどこか冴えない。深夜の取材が規制される一方で、「スクープを取れ」「他社に抜かれるな」という風潮は中間管理職を中心に根強く残っており、ダブルバインド（板挟み）に陥っているのだ。

もうひとつの負担が、締め切りの前倒し。日経新聞では、これまで午前1時台だった最終版の締め切りを早めるための検討が進んでいる。すでに面によっては「深夜に大きなニュースが飛び込んでこない限り、新しい版を起こさない」という方針に変わった。

これに、ネット速報を重視する「ウェブファースト」が拍車をかける。記者からすれば、全体の拘束時間が短くなる一方で、取材や執筆にかけることのできる時間が減るので労働密度は上がっているのだ。

見出しとリード文にこだわりを

広報活動も、こうした変化に合わせていく必要があるだろう。とくにプレスリリースについては、カウンターパートとなる記者（クラブ）の動向を見ながら、文章構成や配布のタイミングを見直すべきだ。

今後は、記者にとっての「処理（原稿化）のしやすさ」が重要になる。そもそも、新商品の発表などは若い記者が担当するケースが多い。会見のテープ起こしなど、雑用もたくさん抱えている世代だ。地方支局などでは、まだ執筆自体に慣れていない新人が担当することも少なくない。こうした記者に記事を書いてもらうには、リリースの「見出し」と「リード（前文。第一段落）」が重要になる。

見出しは一目見てニュース価値がわかるようにすべきだ。これは、リリースを受け取った記者が、記事化の可否を決めるキャップやデスクに報告しやすくするためだ。ベテランになればこうした判断は瞬時にできるが、若手や担当になったばかりの記者にはポイントを明確に伝えたほうが効果的だ。

試しに、日経新聞電子版のプレスリリースのページ（https://www.nikkei.com/pressrelease/）などで、リリースのタイトル一覧を見てほしい。「○○の新商品を発売」「○○（商品名）をリニューアル」といったスタイルが圧倒的に多いことがわかる。

ニュース価値は一般に、❶社会的影響、❷読者の関心、❸新奇性から決まる。その意味では、記者にとって重要なのは商品名ではなく、「どの部分が新しい（めずらしい）のか」や「商品を買うことで読者の生活がどう変わるのか」だ。記事化を期待していないならともかく、少しでも掲載率を上げたいのであれば、こうしたポイントをひとつでも見出しに盛り込む努力をすべきだろう。商品名を強調したいのであれば、記者向けとは別のリリースをつくって自社サイトに掲載すればいい。

リードには、原稿を書くのに必要十分な情報（5W1H）を簡潔に盛り込む必要がある。記者にとっては「最初の一段落が簡単に書けるかどうか」が作業の難易度を左右するからだ。文言を少し削ったり補ったりするだけで150～300字程度に要約できるのが理想だろう。これなら、忙しいときでも記事化しようかという気になる。重要なことから順に書く「逆三角形」の構成にするのもコツだ（21ページ参照）。

リリースの配布時間は、なるべく早いほうが喜ばれる。かつてはリリース処理といえば午後6時以降に取りかかるのが普通だったが、最近は午後3時ごろに始める職場も多いと聞く。株価への影響を考えなくてもよいネタなら、午前を含む場中でのリリースも検討すべきだろう。

把握できない報道への対応も

もう少し長期的な視点で見ると、記者の行動原理自体も変わっていく可能性がある。例えば日経新聞は英フィナンシャル・タイムズの買収をきっかけに、従来のスクープ主義を見直そうとしている。「抜いた・抜かれた」よりも、論評の深さなどで勝負する欧米の高級紙のように変わろうという戦略だ。先に述べたようにトップのかけ声が現場に浸透しているとは言いがたいが、記者に求められる記事も徐々に変わっていくだろう。

広報にとって注意が必要なのは、調査報道が重視される傾向が強まることだ。企業や役所が発表する内容をいち早くキャッチして書くのではなく、独自の取材や分析を元に問題提起するスタイルである。こうした記事を書く場合、「トップに夜回りを繰り返して人間関係をつくる」という従来型の取材は通用しない。裏を返せば、広報はこれまでとは異なる取材手法や報道に対処しなければならなくなる。

調査報道には、公開情報を使うケースと、非公開情報を使うケースがある。前者は発表済みのデータなどを取得し、分析する方法だ。民間企業であっても、監督官庁に吸い上げられたデータは情報公開請求などで手に入る場合がある。後者は、内部告発者などを通じて情報を得る方法だ。古くからあるが、これまで大新聞は積極的に活用してこなかった。

いずれの場合も、企業は報道の直前までどんな取材が進行しているかわからない。いきなり自分たちが把握していなかった問題を突きつけられるケースが増えるだろう。広報に問い合わせがあるのは報道の直前で、極めて短い期限の中で公式見解を求められることになる。

この場合、対応の性質は事故や事件などの「リスク管理」に限りなく近い。広報の一存で答えられるものでもないので、トップへの連絡ルートや意思決定の基準などを、あらかじめ検討しておく必要があるだろう。欧米メディアでは調査報道型のスクープはめずらしくないので、海外の事例を研究しておくと、検討の助けになるかもしれない。

大災害時、経済記者が優先するのは〝市民への影響〟の大きい話題

災害発生時、記者は企業にどのような情報発信を求めているのか。

東日本大震災から10年。復興が進む一方、2018年には大阪府北部地震や北海道胆振東部地震などの災害が多発し、南海トラフ地震や首都直下地震など「次」への警戒感も高まっている。そうした事態に広報はどう対処すべきか、災害報道の視点から考えてみよう。

2011年3月11日に東日本大震災が起きたとき、筆者は日本経済新聞社の大阪経済部で金融・証券、インフラ系企業などを担当するグループのキャップだった。実はその数日前に「大阪証券取引所と東京証券取引所の経営統合案が浮上」というスクープを打ったばかりで多忙を極めていたのだが、この日からは震災報道一色に塗り替わった。

大阪は被災地の支局や東京本社と比べると「最前線」ではなかった。それでも原子力発電所を抱える関西電力や、仮設住宅を生産する大和ハウス工業などを担当していたため緊迫した日が続いた。

こうした大規模災害が発生したとき、市民が報道機関に真っ先に求めるのは現地の被害情報だ。各メディアは社会部を中心に取材チームを送り込み情報収集に当たる。一方、経済記者には「社会の基盤（インフラ）としての企業」の被害と対応を取材する役割がある。東京電力の福島第一原子力発電所が二次災害を引き起こしたように、場合によっては人命や国運を左右しかねない重要情報だからだ。

まずは二次災害とライフライン

このとき企業担当の記者は、以下の3つを優先して集めることになる。

❶市民に直接的な影響がある情報
❷市民に間接的な影響がある情報
❸他の企業の参考になる情報

とくに発生直後は、降版（印刷）時間の前倒しや減ページの影響もあり、これら以外の情報は書いても載らない状況になる。

❶は原発事故や列車事故のように周辺住民や利用者に直接的な被害が生じた場合だ。一般企業でも店舗の崩壊で死傷者が出たとか、工場火災が発生し周辺に有害物質が飛散する恐れがあるなどのケースでは急いで注意喚起する必要がある。

電気、水道、ガスなどライフラインの破損、復旧情報も死活的に重要だ。避難用に施設を一般開放する、食料などの支援物資を配給するといった情報も求められる。企業としてはホームページなどを通じて速やかに状況を公表すると同時に、マスコミにも伝える必要があるだろう。報道では、まずこうした情報が最優先される。

❷は生活上すぐには影響がないものの、時間差で問題が生じる恐れがあるケースだ。例えば物流企業の倉庫や運搬車両の被害は、支援物資の配送や今後の企業活動を困難にする。自動車などの基幹産業の被害も、雇用や景気に関わるので重要だ。大規模災害ではこうしたマクロの視点も重要になる。

❸は企業にとって被害防止の取り組みや復興支援への協力で参考になる情報だ。具体的には「社員の安全確保のため出社を〇日間停止」「日本赤十字に〇億円寄付」といった取り組みだ。

緊急時には組織としてじっくり対応を検討している余裕がない。このため同業他社や大企業などの行動を横目で見ながら方針を決めるケースは多い。自動車など裾野が広い産業の場合、トップメーカーの対応がわからなければ中小企業が計画を立てられないケースもあるので、こうした情報はビジネスパーソンに注目されるのだ。

災害報道はパニック防止も意識

　では、これらの情報を流すうえで何に気をつける必要があるだろう。東日本大震災の経験から言えば、最も重要なことは「パニックの防止」である。

　福島第一原発の事故をめぐる報道では、「新聞やテレビが危険情報を十分に流さなかった」と批判された。近年、マスコミ不信が高まる中、「政府や東電に配慮したからではないか」といった憶測も流れた。この点についてはきちんと検証する必要があるし、筆者もマスコミが完璧な対応をしたとは思わない。

　ただ、現場での経験から言えば、原発報道で記者の筆を鈍らせたものは「政府や東電への忖度」ではなかった。「自社がパニックの引き金を引いたら大変なことになる」という恐れだったのである。

　地震発生直後から、首都圏ではペットボトルの水などが手に入らなくなっていた。後に世界中から称賛されたように被災地の市民は秩序を保って行動したが、それでも「静かなパニック」の兆候はそこかしこに現れていたのだ。そうした情報が次々に入ってくる中、人々に何をどこまで伝えるべきなのか、悩みながら取り組んだ結果が批判を浴びた一連の報道だった。

　結果として大規模なパニックは発生しなかった。しかし当時マスコミが原発事故の恐怖を煽り立てたらどうだったろう。そもそも報道機関は平時は「被害の悲惨さに焦点を当てることで抑止効果を働かせる」という発想に基づいて行動している。いつもと同じ行動原理で原発事故を報じていたら、おそらく首都圏から大量の人が関西方面に逃げ出し、交通が麻痺するなど深刻な二次災害が生じただろう。

情報の伝え方はマニュアル化

災害報道では、情報を小出しにすると市民が疑心暗鬼になる反面、不用意に情報を出すとパニックを引き起こすというジレンマがある。人々が心理的に不安定な状態になるため、ちょっとしたきっかけで集団心理に火がつき、暴走しかねないのだ。この点について、マスコミ業界には関東大震災などでの苦い教訓もある。

裏返せば、企業は新聞・テレビに対して「パニックの誘発を恐れて情報を隠す」必要はない。マスコミ自身がその防止を最優先しているからだ。

ただ、余裕があるなら、「市民にどう行動してほしいか」という要望とセットで情報提供するといいだろう。例えば、平時であっても商品の無料提供キャンペーンに顧客が殺到して問題になることはある。支援物資を提供する際、対象者を限定するなどの配慮は必要かもしれない。事故であれば対処方針や二次被害の防止法、サービスの停止なら代替手段なども合わせて広報すれば記者は報じやすくなる。

こうした冷静な判断を災害直後の混乱の中で下すのは難しい。伝えるべき情報や伝え方は平時にマニュアル化しておくことが大切だ。

今後は、南海トラフ地震につながる異常現象の観測時に気象庁が流す「臨時情報」への対応も検討しておく必要がある。例えば地震で被害が発生した直後に臨時情報が出された場合、社会不安が広がっているのでパニックが起きやすい。ビジネス上の危機管理に加え、情報発信についてもガイドラインを設けておくべきだろう。

これからの広報対応はどうなる？ 2大キーワードは外国人記者対応とメディア変革

コロナ禍が沈静化すれば、日本でも国際イベントが再開されるだろう。2025年には大阪・関西万博も予定されている。広報は、デジタル化によって変化するマスメディアの動向を踏まえながら、世界中のメディアからの注目が集まる、めったにないこのチャンスを活かしたい。

新型コロナウイルス感染症の影響で延期されてしまったが、2020年はオリンピックイヤーになるはずだった。そうした国際的なイベントでは外国のマスコミも日本に押し寄せる。日本企業にとっては、海外に情報発信をするチャンスだ。その際にカギを握るのが、デジタルツールの活用だ。

暇ネタを探す外国人記者も

五輪などの大会中は世界各地からメディア関係者が集まる。記者は、試合や関連行事の報道が主な仕事だが、長期の出張なのでそれ以外の「日本の暇ネタ」もたくさん求められる。最近では、記事だけでなく、TwitterなどSNSでの情報発信も担っている記者が多い。街角の「面白い風景」「自国で知られていない商品」「めずらしい日本文化」などを積極的に探して紹介することになる。

こうした記者のアンテナに引っかかれば、思わぬ国で自社製品の知名度を上げられるかもしれない。実際、2019年のラグビーワールドカップ日本大会では、外国人記者が自国向けメディアでコンビニのサンドイッチ類などを「おいしい」と紹介して話題になった。

“やさしい日本語”で発信

とはいえ、外国語での発信にはコストや手間がかかるので、二の足を踏む広報も多いに違いない。たしかに、従来は外国向けの情報といえば最低でも英語での発信が必須、というのが常識だった。だが、この2～3年で外国人記者の取材風景は様変わりしている。

欧米系メディアは今でも、日本語能力のない記者を送り込んでくることが多い。ただ、そういう記者でも最近はGoogleなどの自動翻訳ツールを駆使して、日本語で書かれた情報を取材に活用するようになっている。興味を惹く商品などを見つけたら「スマホで関連情報を探し、自動翻訳して読んでみる」という行動をとる可能性が高いだろう。

そこで問題になるのが翻訳エンジンの精度だ。性能はこの1～2年で急速に向上し、英語から日本語であれば大意をつかめる程度にはなった。しかし、日本語から外国語への翻訳は、文法の特殊性が壁になり（韓国語を除くと）実用レベルに程遠いのが実情だ。

ただ、裏返せば「自動翻訳でも訳せるやさしい日本語」でリリースを書いてインターネット上にアップすればいいことになる。必ずしも外国語で発信する必要はないということだ［図18］。

筆者は数年前からこうした発信法を研究している。その結果、主語を明記し、複雑な構文を避けるなどの工夫をすれば、内容の7～8割を理解してもらえる外国語に翻訳できることがわかってきた。

図18　発信では自動翻訳も意識を

面白そうだぞ。
自動翻訳で
読んでみよう
翻訳
リリース説明文
外国人記者

Ｇｏｏｇｌｅなどの翻訳サービスは、英語や中国語はもちろん、主要言語はほぼ網羅しているから、大意を伝えるだけならそれで十分だろう。

コツは一文を短くし、主語と述語、修飾語と被修飾語の関係を単純にすること。文化的背景を知らないと通じない比喩や慣用句も避けたほうがよい。イメージしにくい手順や概念は、写真やポンチ絵などで補うこともポイントだ。こうした工夫さえすれば、発信の対象を大幅に広げられる。

さらに、「自動翻訳を意識した日本語」で説明文を書くだけでなく、外国人をそのページに誘導する工夫も必要になる。記者は自動翻訳ツールをスマホで使うことが多いので、売り場や展示会場では商品説明などにＱＲコードをつけてそのページにリンクを張るといいだろう。

こうした取材手法に限らず、マスメディアの「デジタルシフト」は加速している。広報活動も、そうした変化に柔軟に対応していく必要がある。

背景にあるのは経営環境の悪化だ。例えば新聞業界では、2018年ごろから発行部数の減少が一段と加速した。これに伴い、一部の新聞社では人員や経費の削減がこれまでにない規模で進んでいる。紙媒体は作成や配布にかかるコストが大きいので、これまで以上にネットを重視せざるを得なくなるだろう。

筆者の古巣である日経新聞でも、「1面の最終版が12版」という日が目に見えて増えた。以前は最新のニュースを紙面に反映するため、最終は14版だった。「働き方改革」による深夜労働の削減が主な目的だとみられるが、版を起こすためのコストや残業代を減らす狙いもあるだろう。より経営体力がない社は、もっと大胆な「デジタルファースト」を打ち出す可能性が高い。

ストーリー性のある情報に需要

こうした変化は、方向性が異なる2つの変化を引き起こす。「速報の重視」と「ストーリー性のある長尺記事の重視」だ。

紙からウェブに軸足を移すということは、締め切りが朝刊・夕刊の2回から、実質的に「24時間いつでも」になることを意味する。例えば企業がリリースを出したとき、従来は朝刊の締め切りまでに処理すればよかった。ところが今は、「他社より早く」を求められるのだ。広報もこうした記者の変化に合わせ、今後はプレスリリースの書き方などを変えていくべきだろう。ベテラン広報パーソンの中には、「記者が取材する余地を残しているのが良い広報文」という意識があるかもしれない。だが、現在の記者は必要な情報がすべて含まれ、しかも原稿にしやすいように整理されているリリースを好むようになってきている。

字数制限がないネットが主戦場になることで、「ストーリー性のある記事」の需要も高まるだろう。広報側からすれば、リリースに盛り込む商品の仕様やデータに加え、開発秘話など「周辺情報」を発信することの重要性が高まるということだ。

こうした情報は開発現場などに広報自身が「取材」しないとつかめない。現場から上がってきた情報を記者に取り次ぐだけという広報も多いが、今後は社内での立ち位置も変えていく必要があるだろう。

不況期の広報戦略
景気の落ち込みが加速する日本で、問われるダメージコントロール

コロナの流行に伴い、不況モードへの突入が懸念される日本。ネガティブな発表や批判的な記事が多くなることが予想されるため、広報は、企業イメージのダメージコントロールが必要になる。

2020年は、夏の東京五輪で個人消費やインバウンドが盛り上がり、落ち込みを和らげるはずだった。ところがそれも、新型コロナウイルス感染症のパンデミックで暗転。世界的な経済ショックに見舞われることになった。

コロナ不況は続いているが、それ以前の景気拡張期は70カ月を超えて戦後最長レベルだった。こうなると、不況の真っ只中で広報を担当したことがある人は減っているはずだ。それどころか、「百年に一度」といわれた2008年の米リーマン・ショックを、社会人として経験していない人も多いだろう。

決算も広報戦略の一環

景気の落ち込みが加速してくると、経済記者が追いかけるテーマも後ろ向きなものになってくる。まず焦点になるのは景気悪化の原因と、その直接的な影響だ。

過去の例で言えば、バブル崩壊やリーマン・ブラザーズの破綻などがこれにあたる。2020年は飲食業や旅行業などへの打撃が注目を集めた。

記者の立場から広報を見てきた経験から言えば、こうした取材への対応は「平時」の延長でこなせる。後ろ向きの内容ではあるが、悪影響を受けているのは業界全体だからだ。記者や世間も「不可抗力」と受け止めるので、記事が批判的なトーンになることも少ない。

しかし、そうした影響が決算に表れ始めると、広報対応の難易度が上がる。同業他社と数字で比べることができるので、仮に業績の落ち込みが大きいと、投資家などに対する説明責任が生じるからだ。赤字に転落したり、大きな損失が発生したりすると、記者もその理由を詳しく知ろうとする。その際に、経営陣が責任を回避しようと曖昧な説明をすれば、追及はかえって厳しくなるので注意が必要だ。

さらに厄介なのは、こういう時期には経営陣が決算をよく見せようと「無理」をするケースが急増するということだ。損失処理を先送りしたり、グレーな会計処理をしたりしたくなる誘惑にかられるのだ。こうしたごまかしをする企業は、記者の格好の餌食となる。「一見すると悪くない数字が、実は裏で操作されている」となれば、それ自体が立派なニュースだからだ。

とくに経済メディアの記者は、そうしたカラクリに気が付くかどうかは記者としての評価に関わるので、必死でアラ探しをする。仮に記者本人が気づかなくても、アナリストやその企業のライバル社などを取材していると、「あの会社の決算はおかしい」という声が耳に入ってくるものだ。その企業が監督官庁などと対立している場合は官僚に「リーク」される場合もある。記者は決算の「数字」だけを見て記事を書くわけではないので、逃げ切れると考えないほうがよい。

1人の記者が数字のマジックに気づき批判的な記事を書けば、ライバル紙も「他にも似たようなごまかしがあるのでは」と取材に力を入れる。すると、決算以外でもコンプライアンス違反などの不祥事が明らかになるケースが多い。ここまでくると取材競争のターゲットになるので、広報は厳しい立場に追い込まれる。そういう事態を避けるには「決算も広報戦略の一環」ととらえ、記者に疑念を持たれる処理を避けるよう経営陣に助言しておく必要があるだろう。

対応が難しいリストラの発表

業績が悪化してくると、事業の合理化（リストラ）についての発表が必要になるかもしれない。事業売却や第三者割当増資の受け入れなどについては、発表スタイルがある程度決まっているので対応に悩む必要はない。広報として対応が難しいのは、工場の閉鎖など雇用が絡むリストラの

図19　ネガティブ情報は小出しにしない

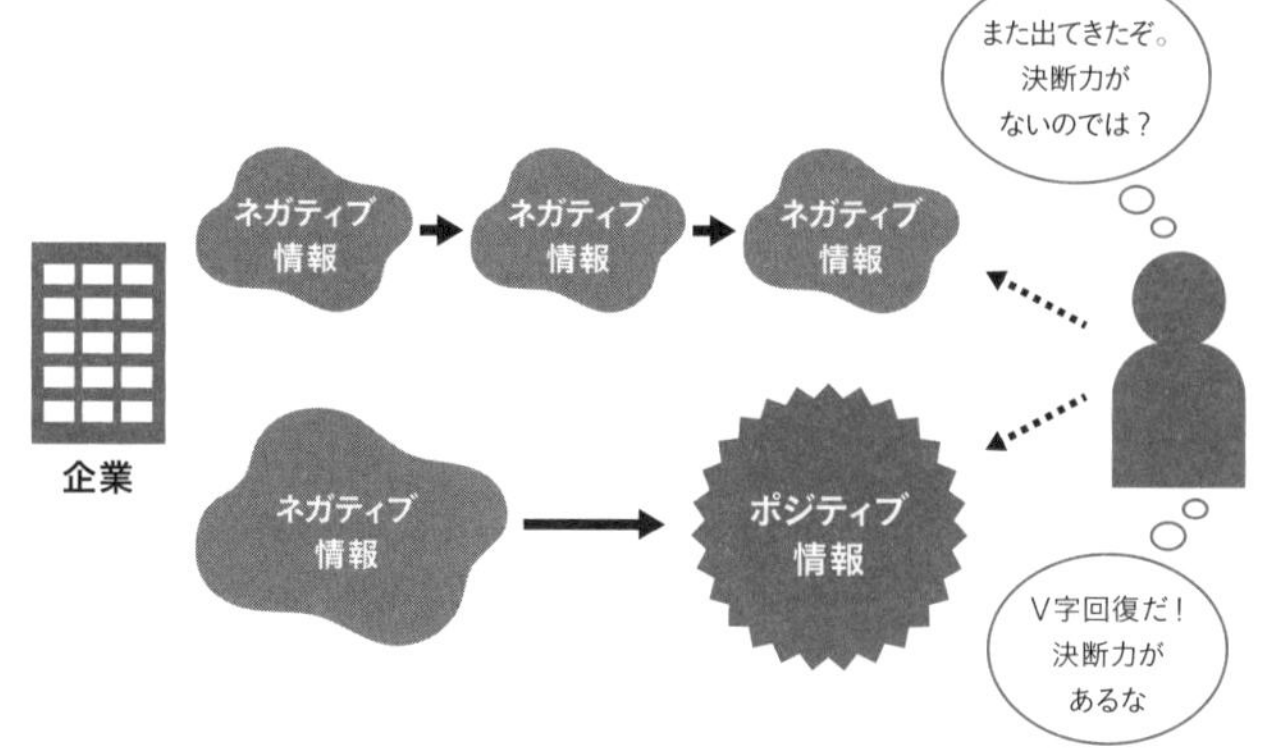

発表だろう。従業員の生活はもちろん、規模が大きいと地域経済にも影響を与えるため、一般紙やテレビも大きく報じる。企業イメージのダメージコントロールが問われる局面であり、広報の腕も試される。

こうした施策の発表は、「一度にまとめて」が基本だ［図19］。経営陣は、なるべく目立たないよう小出しにしたがるかもしれない。しかし、そうすると記者の目には「リーダーシップが欠如している」と映る。また、発表のたびに小さな記事を書いても読者には全体像が見えないので、リストラ策が出揃った時点で大きめの解説記事を書くことになる。結局のところ、印象を薄める効果はあまりないのだ。

逆に一度に発表すれば、経営者の決断力を印象付けられるだけでなく、「ウミを出し切った」と前向きな評価を受けられる可能性が高い。とくに経済記者は、リストラされる社員の悲哀より、経営が回復するかどうかに注目する。この点をよく理解していたのが、１９９９年から日産自動車の再建にあたったカルロス・ゴーン氏だった。

先行事例の研究で備えよう

ゴーン氏は従業員のリストラを含む容赦のないコストカットで批判を浴びた。しかし赤字決算の後で業績がV字回復した結果、「名経営者」との評価を得たのである。リストラの「見せ方」という点で言えば、あれほど見事な演出はなかった。

当時から、経営に詳しい記者の間では、ゴーン氏が総合的な観点から見て日産を「再建」できたかについては議論があった。２０１８年に発覚した報酬の過少記載など同氏の一連の行状や、現在の日産の経営状況を見ると、改めて疑問も生じる。しかし就任当初に見せた、ネガティブ情報をイメージ回復に利用するテクニックについてはみんな舌を巻いていた。実際、この「V字回復」演出法は多くの企業が真似るようになった。

業績が悪化した企業の広報と報道のされ方については、不況期の記事を読むとよくわかる。具体的には、大手銀行の不良債権処理が焦点になった２００３～２００４年や、「派遣社員の雇い止め」などが批判を浴びたリーマン・ショック直後の記事をデータベースや縮刷版で調べるといいだろう。

記者会見の一問一答などを読み返せば、報道陣や世間の批判を浴びて印象が悪化した企業と、そうではなかった企業で広報姿勢がどう違ったかも見えてくるはずだ。そろそろ先行事例を研究して、いざというときに備えておいたほうがいいかもしれない。

世界規模の感染症発生時に経済記者が企業に求める情報は?
SARSやMERSなど数年単位で流行が繰り返されてきた感染症

2009年の豚インフルエンザ発生時に企業取材に当たった経験を基に感染症流行時のメディア対応を考えてみよう。

2019年末に中国・武漢で流行した新型コロナウイルス感染症は、2020年以降、日本でも猛威を振るった。「夏になれば収束するのでは」との期待も裏切られ、2021年5月には3度目の緊急事態宣言が出される事態になった。

また、ワクチン接種などによってコロナ禍が終息したとしても、近い将来に「強毒性鳥インフルエンザ」が流行するリスクがあることを忘れてはならない。

強毒性鳥インフルは、幸い、現時点では大規模な「ヒト・ヒト感染」を起こす変異が起きていない。ただ、筆者が厚生労働省記者クラブにいた2006年ごろには専門家が「いつパンデミックが起きてもおかしくない」と警鐘を鳴らしていた。コロナ禍はある意味で、来るべき強毒性鳥インフル対応の予行演習なのだ。

低い致死率ほど感染力が強い

こうした感染症の流行が発生したとき、広報はどのように対処すべきか。2009年に大流行した豚インフルの取材経験も踏まえて考えてみたい。

注意すべきなのは、大きな被害をもたらす感染爆発は、必ずしも「強毒性」の病原体によって引き起こされるとは限らないということだ。実際、エボラ出血熱やSARS、MERSなど致死率の高い感染症は、新型コロナほどの犠牲者を出す前に封じ込められている。

これは、毒性が高いほど宿主であるヒトを早く弱らせるため、感染が広がりにくいからだ。裏返せば、パンデミックは毒性が弱めの病原体によって引き起こされる可能性が高い。日本での致死率が1パーセント台にとどまる新型コロナや、さらに毒性が低かった2009年の豚インフルはまさにこのケースだ。

現在の医療システムの下では、感染症の流行は早い段階で把握され、世界に伝えられる。ただ、その毒性が弱い場合はリスクを過小評価し、対応が遅れがちだ。広報も今回の教訓を踏まえ、「致死率が一パーセント台で、感染力は強いケース」も含めて警戒すべきだろう。こうした情報を把握した段階で広報体制を「有事」に切り替え、マニュアルの再確認などに取りかかることが望ましい。

記者対応を想定して助言を

マスコミが感染症の流行を大きく取り上げ始めるのは、発生国の政府や世界保健機関（WHO）が警告を発してからになる。この段階になると、記者は日本企業の海外拠点での対応や、出張者への規制について取材し始める。

次の節目は日本で感染者が見つかったときだ。「第1号の患者が発生」というニュースはセンセーショナルに取り上げられ、その後も2人目、3人目と報道が続くことになる。広報の緊張が高まるのはこのころからだろう。

経済記者が流行初期の段階で関心を持つのは、時差出勤や在宅勤務の実施など、企業の国内での対応策だ。医療施設や医薬品メーカーなどにも取材が集中する。これらは「前向きな話」として報じられるため、先進的な取り組みをする企業は積極的にアピールするはずだ。

しかし、この時点で広報に求められるのは、「今後、自社の従業員や顧客に感染者が出た場合、どのような情報発信が必要になるか」を想定し、経営陣に伝えることだ。そうした情報は、企業のリスク管理上も価値が高い。

その際の原則は、「顧客重視」だ。当たり前に聞こえるかもしれないが、これはなかなか難しい。例えば新型コロナ流行の当初、流通・サービス業の一部が社員のマスク着用に後ろ向きだったことが「従業員の安全を軽視している」と批判された。おそらく顧客を「感染源」とみなして避けている印象を与えたくなかったのだろう。顔が隠れることでコミュニケーションに支障が出るとの懸念もあったようだ。

しかし、のちに明らかになったように、マスクは「従業員重視」というより、むしろ「顧客重視」の観点から着用すべきだった。こうした想像力は現場の従業員や経営陣には働きにくい。感染者が発生した時の記者対応を想定して動く広報が、適切な助言をすべきだった。マスク姿の従業員を不快に感じる人に対しても、顧客の安全を確保するための対応であることをていねいに説明しなければならなかったのである。

図20　従業員などの感染時に求められる情報

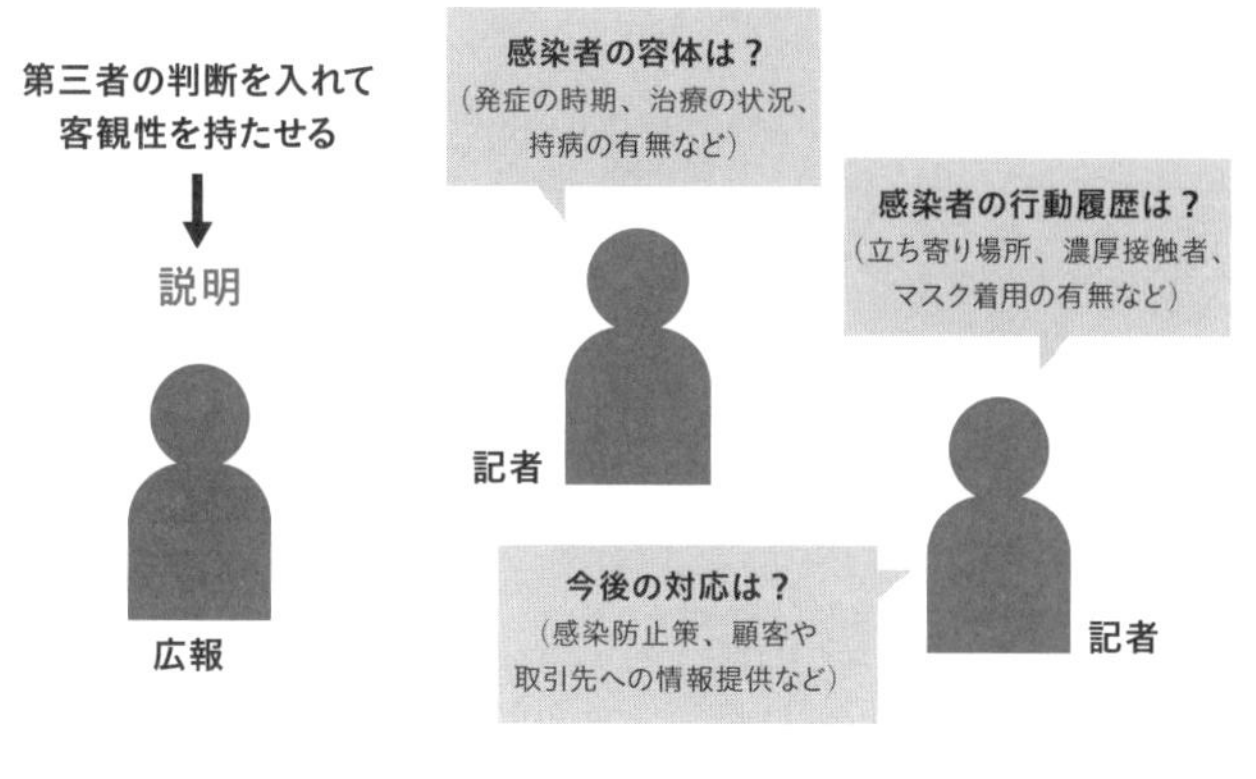
第三者の判断を入れて
客観性を持たせる
説明
広報
感染者の容体は？
（発症の時期、治療の状況、
持病の有無など）
記者
感染者の行動履歴は？
（立ち寄り場所、濃厚接触者、
マスク着用の有無など）
記者
今後の対応は？
（感染防止策、顧客や
取引先への情報提供など）

消費者の信頼を高めるチャンス

不幸にも社内で感染者が見つかったとき、記者が企業に求める情報は、主に❶感染者の行動履歴、❷現在の容体、❸企業としての今後の対策——の3点だ［図20］。

すべての広報業務に共通するが、このとき重要なのは「隠し立てしない」という姿勢だ。ただ、行動履歴や容体は、プライバシー保護との関わりで慎重に取り扱う必要がある。一方で、人々の不安が高まる中でゼロ回答では、批判や憶測を呼びかねない。

そうしたケースに備え、例えばすべての従業員に、感染時に公表する情報の範囲について事前承諾を得ておくことも選択肢のひとつだろう。従業員のプライバシーを盾に情報を隠している印象を与えるのは得策ではない。

もうひとつ、重要な点は「第三者の判断」を発信することだ。保健所や医療機関、自治体などの対応や判断を示すことで、情報に客観性を持たせることができる。例えば行動履歴については、自社調査より保健所などによる聞き取り結果のほうが信頼されるだろう。

コロナ禍においても、役員自らの希望で感染を公表した北海道の飲食チェーンがＳＮＳなどで称賛された。従業員の感染などは、どんなに予防策を講じても一定の確率で発生してしまう。不祥事ととらえるのではなく、迅速かつ誠実な情報公開に努めることで、消費者の信頼を高めるチャンスとしたい。

五輪延期後の広報活動、連日の報道がコロナ一色に！広報は社会変化に結びつけて

２０２０年３月、東京オリンピック・パラリンピックが延期になると、連日新型コロナの話題が報道され、危機感が高まった。

このような時期でも取り上げられる話題の特徴を分析した。

図21　東日本大震災後、「企業」と「義援金」を含む記事が増加

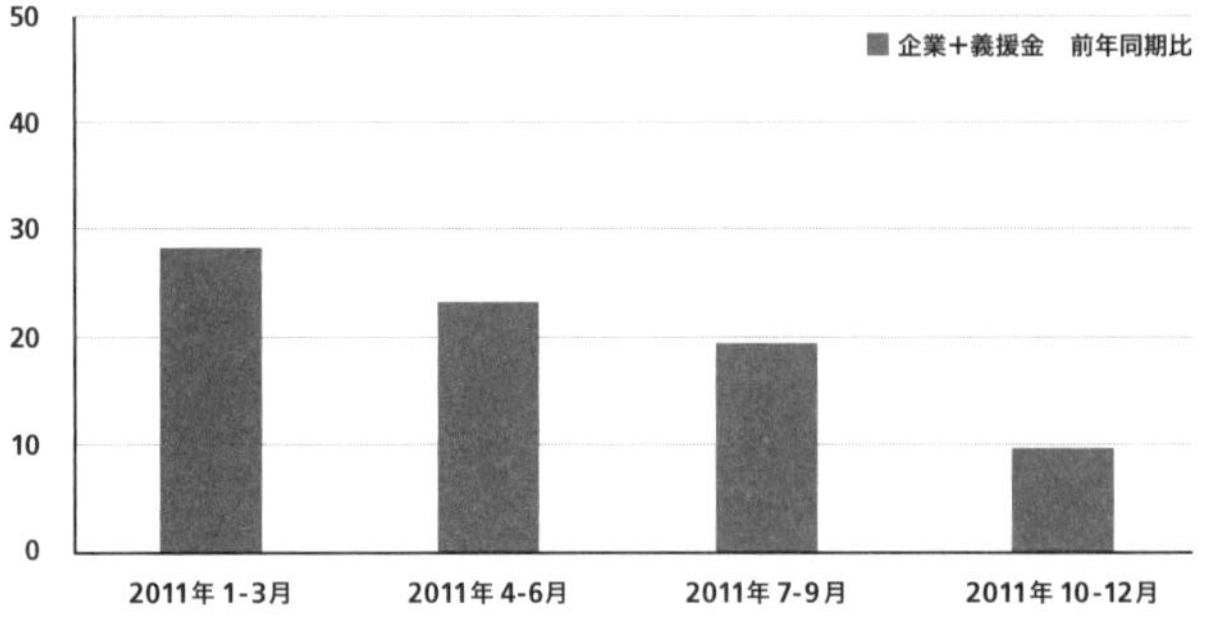

出所）日経テレコン21で読売・朝日・毎日・産経・日経を検索し、ヒット数から計算

日本政府などは2020年3月下旬、新型コロナウイルスの世界的拡大を受けて東京オリンピック・パラリンピックを1年程度延期する方針を決めた。時期を同じくして、都市部を中心に感染者が急増。4月7日には安倍晋三首相（当時）が緊急事態宣言を行うなど、緊迫感が急速に高まった。ここでは、このような非常事態下での広報戦略について考えてみたい。

記者の頭は新型コロナ一色に

国全体が非常事態モードに突入すると、「通常の広報活動」についても見直しが必要になってくる。実際、2020年3月下旬以降、記者の頭の中は新型コロナ一色になった。極端な言い方をすれば、新型コロナに関係しないニュースは眼中になくなった。時局が変わる前に取材を終えるなどして仕込んでいた企画も、上司に提案すれば「こんな能天気な記事が出せるか」と一蹴されてしまう。記者から「取材済みのネタがボツになった」という連絡を受けた広報は、少なからずいるのではないだろうか。

そうした雰囲気の変化は紙面にどう表れるのか。東日本大震災が起きた２０１１年の全国5紙に掲載されたキーワードの数から分析してみよう。その手法は広告戦略を立案する際にも役立つので知っておいて損はない。

「新商品」は前年比16パーセント減

具体的には、まず日経テレコン21で、四半期ごとに句点が含まれる記事の本数を調べる。句点は大半の記事に含まれるから、データベースに収録されている全記事数に近いと考えていいだろう。次に傾向を知りたいキーワードを含む記事数を同じ期間について調べ、句点を含む記事の数で割って全体に占める比率を出す。グラフ化する際は、数字が小さくなるので、１万をかけて「記事１万本当たりの本数」にするといいだろう。

この手法は、各社がどんなテーマに注目しているかを探るときにも使える。ただし、キーワードによっては使用頻度に季節性がある。例えば「クリスマス」を含む記事は毎年12月に急増する。その場合は、前年分を調べて前年同期（月）比増減率を計算すれば正確な傾向がつかめるだろう。

「企業」と「義援金」という2つのキーワードで検索した結果、2010年1〜3月は記事1万本当たり約0・6本だったが、翌年の同期間には約18・3本と大幅に増えた。地震が起きたのは3月11日だから、実質的には3カ月間のうち20日程度でこれだけ増えたわけだ。そして、年末にかけて徐々に減っていったことが見て取れた。

経済面に載ることが多い「新商品」についての記事は前期比16パーセント程度減っている。4〜6月をボトムに回復しているが、通年で2割も減少した。企業が新商品の投入を減らしたことも影響しているのかもしれないが、優先度が高い震災関連のニュースに押し出されたり、先に述べた「社会の空気と合わない」という理由でボツにされたりした可能性が高い。

震災を機に関心が高まったキーワードもある。例えば「地元企業」を見ると、1〜3月は1・0パーセントだったのが4〜6月は3・6パーセントに増えている。危機時には自分の身の回りで起きていることに目が向くものだ。このため、普段は東京や大阪に本社を構える大企業を取材する記者たちも、規模にかかわらず地域密着型企業の活動を詳しく取り上げるようになる。裏返せば、そうした企業の広報にとっては存在感を示すチャンスでもあるのだ。

一方、同じ企業ネタでも「ベンチャー」は「新商品」と似た動きをしている。記者がベンチャー企業を取り上げるのは、画期的な技術を発表したときが多い。このため、どうしても普段より優先順位が下がってしまうのだ。

社長インタビューにも傾向、各社がどんなテーマに注目しているか？

興味深いのは「社長」と「インタビュー」の両方を含む記事だ。これまで取り上げたキーワードと比べ、1〜3月に減少幅が大きくなっている。これは企業トップが危機対応に追われ、インタビューどころではなくなったからだろう。記者の側も震災関連のストレートニュースを追いかけているので、じっくり企業の経営戦略を聞く状況ではない。

しかし、先に見た「新商品」や「ベンチャー」と異なり、4〜6月には減少幅が縮小している。さらに、2011年後半には前年より6パーセント超も増えている。つまり記者たちは、初期対応が一段落したところで企業トップの見立てや意見を聞きたくなったということだ。経済団体の代表にインタビューを求めたケースも多かっただろう。

こうした傾向は、新型コロナのパンデミックについても当てはまる。1年ほどは、例年なら取り上げてもらえる新商品や新技術についての発表が後回しにされることが多かった。非常事態の雰囲気にそぐわない話題も避けられがちだった。

しかし、自社の話題を新型コロナや五輪の延期、それらに伴う社会の変化にうまく結びつけられた企業は、前向きな露出を増やすことができた。

地方企業にもチャンスあり

コロナ禍においても、マスクや消毒液に関する話題なら、中小企業でも大きく取り上げられた。自治体などに寄付したり、新たに生産を始めたりしたというニュースは、マスメディアだけでなくネットでも注目された。

全国の地方紙は、日経テレコン21はもちろん、（開館時には）国会図書館などでも読むことができるので、他地域の同業者が、大地震などの非常事態下で大きく取り上げられた例を探せばヒントが見つかるかもしれない。

その意味では、こうした非常時こそ広報の力量が問われる。危機管理の最前線に立ちながら、一方で普段はなかなか取り上げてもらえないメディアにアプローチすれば、新型コロナ収束後の業績回復にも貢献できるのではないだろうか。

既存の取材方法を問い直す契機に コロナ禍が加速する記者の世代交代と意識変化

コロナでメディアのテレワーク取材の機会も増加。「3現主義」を堅持してきたオールドメディアもスムーズに対応できている印象だ。その背景には報道業界の〝世代交代〟があった。

新型コロナウイルスの感染拡大を受けたテレワークの本格的な導入などで、人々の仕事に対する意識は劇的に変わった。今後、コロナ禍が終息したとしても、一度変わった意識が「コロナ前」に戻ることはないだろう。これは新聞社など報道業界でも同じだ。カウンターパートである広報も、記者たちの変化を見すえたうえでつきあっていく必要がある。

ネット第1世代が中核に

筆者が驚いたのは、新聞・テレビといったオールドメディアが、意外に早くテレワークに対応したことだ。報道業界における取材は基本、「現場・現物・現人（本人）」とされており、まさに、「昭和型」の職場の代表格だ。「ネットは信じるな」「ネットに頼るのは堕落」と公言する人が一般企業よりも明らかに多い業界だった。やむを得ない事情があったとはいえ、テレワーク取材など、10年前なら社内で激しい抵抗に遭ったことは間違いない。

変化の背景にあるのは世代交代だろう。1990年代後半から入社した「ネット第1世代」が40代半ばになり、職場での影響力を強めているのだ。ネット業界の著名人で言えば堀江貴文氏や西村博之氏も同世代。ほぼ「団塊ジュニア」とも重なる。

実は筆者もそのひとりだ。この世代は業界の歴史的な転換点に入社している。学生時代の1995年にウィンドウズ95が発売され、インターネット時代が到来。テレビや新聞の地位が揺らぎ始めた。新聞労連が『新聞が消えた日―2010年へのカウントダウン』（1998年）を出版するなど、業界内でも先行きに対する悲観論がささやかれるようになった時期だ。

一方、市民の間ではメディアと権力の癒着や取材手法への批判が高まり、マスコミ不信が急速に拡大。世代をひとくくりで語ることに無理があるのを承知でいえば、ネットへの警戒感が薄いうえ、「業界の古い体質」に疑問を持ちながら入ってきた人が多いのだ。

実際、入社当時を思い返すと、同期が集まる飲み会では、業界で当たり前の長時間労働やパワハラ、「夜討ち朝駆け」式の取材手法を批判する人が多かった。仕事を続けるために職場の文化や慣習に順応しつつも、上の世代に比べ染まりにくかった面はあるだろう。

近年、過労死などが顕在化したのを機にマスコミ業界で進んでいた「働き方改革」が比較的スムーズに受け入れられたのも、そうした世代が組織の中核になっており、抵抗が小さかったためだと考えられる。もちろん、さらに下のスマホ・SNS世代の記者たちは、諸手を挙げて改革を歓迎している。コロナ禍はそうした流れをいっきに加速したのだ。

グレーゾーン多い既存の取材

今後、記者の意識や取材手法はどう変わっていくだろうか。それを考える手がかりとなるのが、東京高等検察庁の黒川弘務検事長（当時）が、緊急事態宣言下で新聞記者（元を含む）らと賭け麻雀をして辞任に追い込まれた事件に対するメディアや記者の反応だ。取材先を自宅に呼んで賭け麻雀をするといった記者の行動をどう評価（批判）するかは、今後のジャーナリズムの役割や倫理のとらえ方に強く影響を及ぼすからだ。

週刊文春が疑惑を報じた直後である2020年5月22日付の朝刊を読み比べてみると、非常に面白い。例えば日本経済新聞はかなり辛らつだ。1面のコラム「春秋」で、「唾棄すべき光景というほかない」とまで書いている。読売新聞も社説で「取材対象者との接触を重ねる過程で、違法性を問われる行為に手を染めることがあってはならない」と言い切った。おそらく一般読者の受け止め方はこれに近いだろう。

一方、東京新聞は名物コーナー「こちら特報部」で、記者らの行動を「言語道断」としながらも一定の理解を示している。同紙がコメントを求めたのは元読売新聞記者のジャーナリスト、大谷昭宏氏だ。同氏が刑事と麻雀をするなどして関係を築いた経験を紹介したうえで、「大谷氏は相手に食い込む努力は否定しない。一方で癒着を避けるため、一線を引くよう求める。その線は、相手組織の批判記事を書けるかどうかだ」と述べている。実は、当事者である朝日新聞はもちろん産経新聞も、賭け麻雀の発覚前から社説で黒川氏の定年延長を批判している。産経新聞は2月24日付で「あまりに不自然である。黒川氏の定年延長ありきで恣意的に法解釈を変更したと疑われても仕方があるまい」と書いた。大谷氏の論理を借りれば「一線は引いていた」と言えなくもない。そしてこれは、新聞業界の伝統的なスタンスでもある。単純化すれば、「権力を監視するためには、相手と親しくなることはもちろん、時には違法ギリギリの取材も必要になる」という考え方だ。そもそも、記者が官僚や政治家から秘密を聞き出す行為自体が法的にはグレーゾーンだ。深夜早朝に取材先の自宅を訪ねるのも、一般市民の感覚からすれば「癒着」や「迷惑行為」にあたるだろう。コンプライアンスを厳密に追求すれば、現在の取材手法の多くは「不適切」なのだ。

どちらが正しいか、簡単に結論を出すことはできない。確かなことは、今後、記者と取材先とのこうした関係は、社内外を問わず非難されやすくなるということだ。例えば若手記者は、自粛期間ではなく、お金を賭けていなかったとしても、勤務時間外の深夜に仕事の関係者が集まって遊ぶこと自体、「言語道断」だと感じるかもしれない。

麻雀に参加した記者らを厳しく批判するメディアや記者は、これから急速に「コンプライアンスを重視する普通の会社（員）」に変わっていくだろう。決まった勤務時間帯以外は取材をせず、広報とも距離を取る。会食はなるべく避け、しても厳密な割り勘、といった具合だ。こうしたメディアは新型コロナウイルス終息後もリモート取材を積極的に活用するだろう。そして、人間関係を利用した情報収集がしにくくなる分、データ分析など新しい手法でスクープを狙ったり、解説記事に力を入れたりするようになるはずだ［図21］。

一方、人間関係を軸とした取材手法がすぐに消えるわけではない、とも思う。メディアや記者によって、今後の取材方法の変化には大きな幅が見られそうだ。各メディアの変化の実態を見極めるうえで、賭け麻雀事件への反応はリトマス試験紙になる。つきあいのある記者に本人の感想や社内の反応を聞いてみると、変化の方向性が見えてくるのではないだろうか。

訪れるは新しい時代！ 一過性ではないＳＤＧｓの価値観、時代の変化をつぶさに読み取ろう！

元号が令和へと変わり、ビジネスの〝常識〟も変わった。

今回のコロナ禍は、その変化に拍車をかけた形だ。

目まぐるしい環境の変化には、高い反射神経が求められよう。

コロナ禍をきっかけに起きているのは、「生活様式」の変化にとどまらない。大げさに言えば、コロナ禍の中で「時代の価値観」自体が大きく転換しつつあるのだ。近年、流行語のように広がっているＳＤＧｓ（持続可能な開発目標）も、一過性の流行ではなく、そうした大きな文脈の中で捉える必要がある。

記者は価値観を意識する

記者はニュース価値を判断する際、「時代の価値観」を意識する。例えばジェンダー（社会的性差）観は、この数十年で大きく変わったもののひとつだろう。男女の平等については１９７９年に国連総会が女子差別撤廃条約を採択。日本も１９８５年に批准し、「男女雇用機会均等法」を制定した。しかしここ数年は、同性愛や性転換なども含む、より幅広いジェンダーの平等が課題となっている。当然、報道もそうした世相を映して変わっている。

歴史的に見ると、そうした時代の価値観がいっきに変わる時期が20〜30年に一度、訪れるようだ。戦後で言えば、高度経済成長の終わりを告げた１９７３年の石油危機、バブル崩壊と重なった１９９１年の東西冷戦終結がそれにあたる。ベルリンの壁崩壊や天安門事件が起きた１９８９年に始まった平成は、奇しくも冷戦終結で始まったグローバル化の時代と重なるのだ。

株主資本主義にも変化が

私たちは平成の30年間、どれだけ意識しているかは別として、グローバル化の時代の価値観に浸って生きてきた。国境の垣根が低くなり、人・金・物・情報が世界を駆け巡る。価値観の共有が世界で進み、ビジネスでは海外市場やグローバルスタンダード（世界標準）を追うことが重要になった。裏返せば、昭和の終わりに「ジャパン・アズ・ナンバーワン」と賞賛された、終身雇用や年功序列を特徴とする日本型企業経営は時代遅れになり、変化に乗り遅れた企業は急速に衰退したのだ。

しかし、ここ数年は急速に進んだグローバル化の反動が目立っていた。さかのぼれば2008年の米リーマン・ショックを機に「ウォール街を占拠せよ」のデモが吹き荒れたころから、その兆候はあった。投資家を優遇する「株主資本主義」の行き過ぎで、経済格差の拡大と社会の分断が加速してしまったのだ。2015年に国連でSDGsが採択されたのも、そうした反省を踏まえてのことだろう。

その後、欧米で移民受け入れや企業の国外進出への反発が強まり、2016年には英国の国民投票でEU（欧州連合）離脱派が勝利したほか、米国でもトランプ前大統領が当選。台頭した中国との対立も激化し、「新冷戦」と呼ばれ始めた。そうした時代の転換を、新型コロナウイルスはわずか数カ月でいっきに加速したのだ。

変化は、新聞の紙面にもはっきりとあらわれている。日本経済新聞で2020年の正月にスタートした連載企画は「逆境の資本主義」。筆者も関連動画の制作に関わったが、投資家を主要読者とするメディアとしては思い切ったテーマだったと思う。

ニュース報道でも、「米中対立の激化で保護主義が強まった」ことを前提に、内需の掘り起こしや国内技術の保護に焦点を当てたものが目立つ。どちらかと言えばグローバル化や株主資本主義を後押しする立場だった日本経済新聞の変化は象徴的だ。

同紙に限らず、今後の経済報道は平成とはかなり異なる価値観がベースになるだろう。まず、企業の海外進出が手放しで賞賛される時代は終わったと考えたほうが良い。逆に、国内における新規需要の開拓や雇用の拡大、地域社会への貢献などに注目が集まるはずだ。

雇用については、人数や給与水準に加え、働きがいや従業員の成長といった「質」も問われる。これはある意味で「昭和の価値観」のリバイバルだが、ＳＤＧｓの考え方とも合致する。

従業員を意識した経営判断を

一方、こうした風潮は企業経営にとってはリスクにもなり得る。企業の多くはコロナ禍で苦境に立たされており、これから雇用を減らさざるを得ない局面に入っていくからだ。

リーマン・ショックの際には「派遣切り」が批判を浴びたが、リストラは業績や株価のＶ字回復につながるため、経済記者の間には理解を示す雰囲気もあった。しかし今後はどうだろう。世論の反発を招き、不買運動などにつながれば業績がさらに悪化する可能性もある。事業継続のためのリストラは避けられないとしても、その発表に際しては重い説明責任を負うということだ。広報も、株主や取引先企業だけでなく、従業員やその家族、地元経済など幅広いステークホルダーを意識する必要がある。少なくとも、時代の価値観の転換を無視して「前例踏襲」で発表方針を決めると、思いがけない失敗をするリスクがあるだろう。

図22　経済報道の背景にある価値観の変化

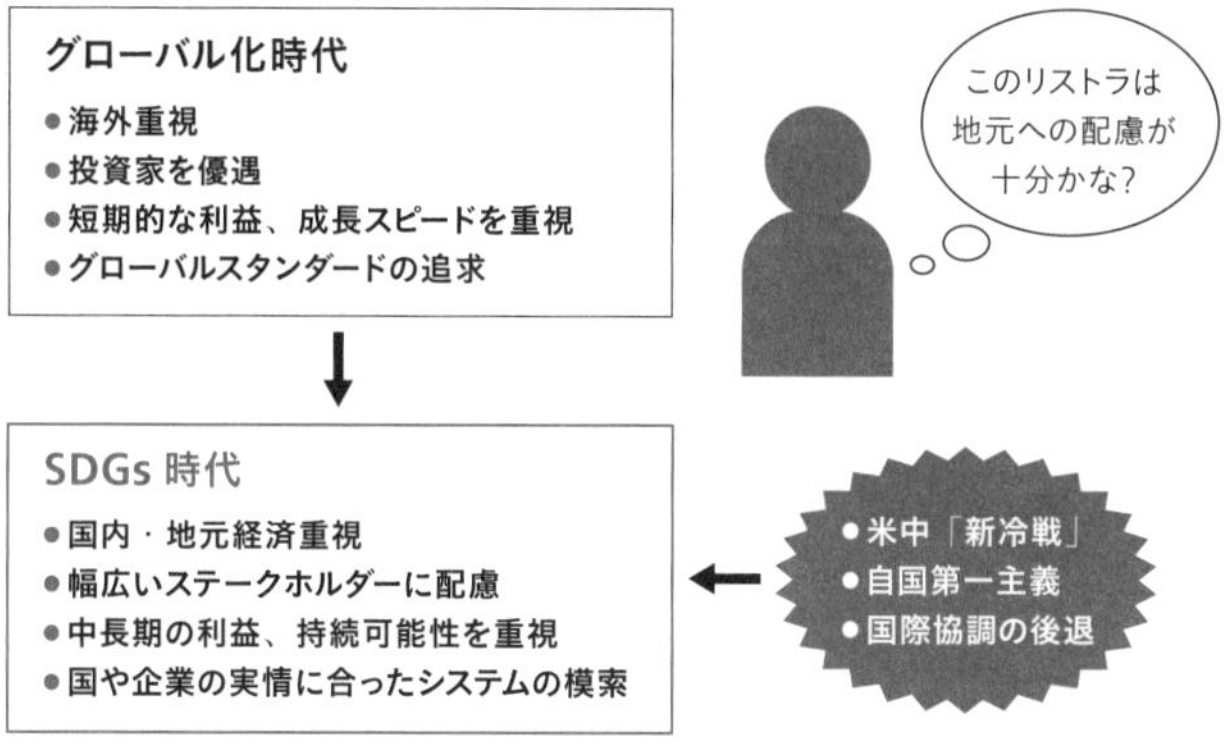
グローバル化時代
●海外重視
●投資家を優遇
●短期的な利益、成長スピードを重視
●グローバルスタンダードの追求
このリストラは
地元への配慮が
十分かな？
SDGs時代
●国内・地元経済重視
●幅広いステークホルダーに配慮
●中長期の利益、持続可能性を重視
●国や企業の実情に合ったシステムの模索
●米中「新冷戦」
●自国第一主義
●国際協調の後退

逆境の中のＳＤＧｓ

一方、ＳＤＧｓの流れに反する動きが加速していることについても注意しなければならない。ＳＤＧｓは国際協調によって環境問題をはじめとする人類の共通課題を解決する取り組みだ。しかし、そうした構図が「自国第一主義」の台頭とともに崩れつつあるのだ。その象徴が、国際的な地球温暖化対策の枠組み「パリ協定」からの離脱を決めたトランプ前大統領だ。バイデン新大統領の下で一定の修正はされるだろうが、米中対立の激化は続いており、今後も世界の分断やブロック化は広がっていくだろう［図22］。

そうなると、企業活動も好むと好まざるとにかかわらず「政治性」を帯びることになる。例えば、これまで生産拠点や販売網を中国に広げることは、企業にとって成長の柱だった。それを発表しても、政治的な意味を問われることはまずなかった。しかし、米中対立が香港・台湾問題などをめぐってさらに激化すれば、中国政府や現地企業との関係をどう考えるのか、国民や米国などに対して説明しなければならなくなる。グローバル化の時代の基本だった「政治と経済は別」という価値観が通用しなくなるのだ。

果たして、日本企業はそうした価値観の大転換に適応するだけの準備ができているだろうか。今回の変化は昭和から平成への転換期より、ずっと速い。広報には、報道の観察や記者たちとの交流を通じて時代の変化を先取りし、経営層にフィードバックする役目も期待される。

今後さらに変化際立つ
ネットに接近する「テレビ」、調査報道にシフトしていく「新聞」

情報技術の進歩により、メディアの情報の発信方法や質は大きく変化。これまでオールドメディアとひとくくりにされがちな新聞とテレビであったが、両者の違いは、このコロナ禍でさらに広がっていくことだろう。

コロナのパンデミックは、構造不況業種だった新聞とテレビも直撃した。一方、オールドメディアの苦境を尻目に影響力を拡大しているのがネットだ。中でもSNSはWHOが「インフォデミック」を警告するほどの力を見せつけた。こうした中で「ネットに接近するテレビ、調査報道にシフトする新聞」という構図が鮮明になってきた。

ネットに接近するテレビ

民放テレビのワイドショーや報道番組が、ますますSNSやネットニュースの影響を強く受けるようになっている。元来、両者とも広告モデルなので行動原理は似ている。人々の直感や感情に訴える、わかりやすい情報を優先して伝える傾向があるのだ。コロナ禍においても著名人の感染や、自粛要請に応じない人や業界への怒りなどにフォーカスする点では一致している。

最近は、テレビがSNS上の話題を報じたり、個人がSNSで発信したコメントをそのまま引用したりするケースが増えた。コロナ感染防止の観点から現場取材がしにくくなっていることに加え、経費を抑制しなければならなくなったという事情もあるだろう。

一方、ネットの側にも変化が生じている。影響力が強まったことで負の側面にも焦点が当たりやすくなったためだ。例えばリアリティー番組の出演者がネット炎上を苦に自殺した事件をめぐっては、SNS上の誹謗中傷を規制すべきだとの声が高まった。名誉毀損をめぐる裁判でも、被害者に有利な判決や和解が相次いでいる。プラットフォーム側も対応を迫られており、規制の多い「行儀の良いメディア」に変わっていく兆候が見られる。

一方、YouTubeなどのネット動画では「テレビ化」も進む。不祥事などでテレビに出演できなくなった芸能人が参入し、撮影・編集などのスタッフもテレビから移ってきたことで番組の質が上がっているのだ。「素人の自作動画」の全盛期は遠からず終わるだろう。つまり、テレビの衰退とネットの隆盛が鮮明になる一方で、両者は互いに近づいているのだ。

調査報道にシフトする新聞

新聞業界の変化はさらに大きい。部数が毎年、百万単位で減っていることに加え、コロナ禍による広告収入の落ち込みが致命的な打撃を与えるからだ。主要紙でも人員削減が進んでおり、全国に取材網を張り巡らせ、きめ細かくニュースを発掘する体制は維持できなくなりつつある。今後は役所・企業の発表や事件・事故などを自社でカバーすることが難しくなり、通信社に頼るケースが増えていくだろう。少ない人員で他社との差別化を図るには、調査報道に力を入れざるを得ない。これまで多かった「発表される案件を1日早く報じる」タイプの記事は価値が下がり、独自の問題意識と取材で掘り起こしたネタで勝負するしかなくなる。

その兆しは紙面にもあらわれている。例えば筆者の古巣である日本経済新聞では、経済データを独自に分析した記事が急増している。統計の専門知識を持つ人材を採用して専門部署を立ち上げたほか、国内外のデータベース会社との提携も進めているからだ。日経は「データジャーナリズム」を付加価値の柱にしていこうとしているのだ。

こうした動きは他紙にも見られる。パナマの法律事務所から情報が流出し、著名人の脱税・節税が明らかになった2016年の「パナマ文書」報道もそのひとつだ。調査を担ったのは国際調査報道ジャーナリスト連合（ICIJ）と呼ばれる団体だが、日本からは朝日新聞と共同通信、NHKの記者が参加した。

この取材では、2・6テラバイトもの文書データを、各国の記者や専門家がソフトなどを用いて分析。結果を元に裏づけ取材した。今後は日本でもこうしたハイテク取材が増えていくだろう。ただし、こうしたニュースは一定の専門知識がなければ理解できない。社会的な影響は大きいが、殺人事件や芸能人のスキャンダルなどに比べ、一般受けはしないのだ。このため新聞は、SNSで「バズる」ネタを追うより、有料サイトで高付加価値の独自情報を発信する道を選ぶだろう。

メディアに合わせ広報も変化

こうしたメディアの変化に対し、広報も同じくその対応を変化させざるを得ない。同じ報道対応でも、テレビと新聞の位置づけがこれまで以上に違ってくるからだ。

まず、テレビとネットが融合していくにつれ、広報対応でも両者の違いが薄れていくだろう。現在、SNSで広報とユーザーが直接やりとりすることに消極的な企業は多い。しかし今後はテレビを攻略するにはSNSで何が炎上し、何が拡散するかを肌感覚で理解していることが不可欠になる。そうした人材を発掘し、今から経験を積ませておくことが重要になるだろう。また、プラットフォーム規制が強まれば炎上リスクは徐々に下がっていくはずだ。

一方、新聞は「マス」への影響力を失っていく。企業にとっては消費者向け商品のアピールなどでの利用価値が低下し、記者もそうした「小ネタ」に関心を示さなくなるだろう。

しかし、社会の指導層への影響力が薄れるわけではない。むしろ、生き残りをかけてそうした層を囲い込もうと高級紙路線を歩むことになる。その結果、新聞記者は企業取材でも、経営関連の詳しいデータを求めるようになる。トップに対しても、専門家をもうならせる鋭い分析や指摘を含むコメントを期待するだろう。そうしたニーズに本格的に応えようとすれば、大企業なら社内にシンクタンク機能を持たなければならない。その余裕がない企業については業界団体などがサポートする体制が必要になるだろう。

長い目で見れば、新聞が企業に対し攻撃的になることも覚悟するべきだ。広告収入の比率が下がれば、経営層は企業に遠慮しなくなる。記者も記者クラブ単位の競争がなくなれば、「特オチ」を恐れて広報に取り入ろうとはしないはずだ。飴（リーク）と鞭（特オチ）をちらつかせる日本型の記者コントロール術は通用しなくなっていく。この点でも取材やネガティブ報道に対してデータなどのファクトを示して対応できる専門人材の確保が必要になるだろう。

新型コロナで変わる記者の取材方法
リモート取材は「新常態」に、地方・都市間の格差是正にも貢献

新型コロナの影響で急速にテレワーク化が進んだ日本社会。

それは記者の取材も同様だ。コロナ後、従来の「3現主義」に代わる新たなメディアリレーションズの手法が求められる。

記者が重視する「3現主義」とは？

コロナ禍が長引く中、記者の間でも長年の慣習が大きく変わりつつある。現場・現物・現人の取材を重視する「3現主義」もそのひとつだ。取材先の受け入れ拒否や、自社での感染者発生などにより、テレビ会議システムなどを使ったリモート取材が急速に広がっているのである。

もっとも、リモート取材自体は十数年前から始まっており、必ずしも新しい手法ではない。筆者も金融・証券担当をしていた頃には、相手が海外にいる外資系企業の取材ではテレビ電話を使っていたし、証券会社のアナリスト向け説明会もネット開催が増えていた。そもそも、その前から電話取材は一般化していたわけで、広い意味でのリモート取材は定着していたとも言える。

ただし、そうした取材は簡単に会えない場合の「代替手段」という位置づけにすぎなかった。電話取材も、基本的にはすでにお互いをよく知っていて、携帯電話の番号も交換しているような相手が中心だ。もともと日本企業にはフェイス・トゥー・フェイスのコミュニケーションを重視する文化があると言われるが、マスコミ業界はとくにその傾向が強いのだ。そう聞くと「古臭い」と感じる人が多いかもしれないが、筆者の経験からすれば致し方ない面もある。実際、現場に足を運んだり、取材先と対面で話したりしなければ得られない情報は、一般の人が想像するよりずっと多いからだ。

記者も忙しいので、原稿の締め切りが迫ってくると過去記事やネット情報で取材を済ませたい誘惑にかられることはある。しかし現場に足を運び、自分の目や耳で直接確かめると、不思議なことに必ず「発見」があるものなのだ。通説や事前情報、自分の抱いていたイメージが覆されることも少なくない。記者はそういう体験を繰り返すうちに、自然と「現場を踏みたい」「本人に話を聞かなければ」と思うようになる。

この文化は他業界の人には理解できないかもしれないが、記者の行動原理の基礎をなしていると言ってもいい。例えば筆者は、10年以上前から医療用の高性能マスク（N95規格）を備蓄していた。厚生労働省の記者クラブに所属していたこともあり、近い将来、致死率の高い強毒性鳥インフルエンザの大流行が起きると考えていたからだ。その後に原発事故もあったので、線量計や防護服も購入した。つまり、そういう状況でも外に出て取材するのは当然だと思っていたのだ（なお、マスクと防護服は知人の医師に寄付した）。

コロナ後の「新常態」に備える

では、コロナの流行が収まれば3現主義が復活し、リモート取材は「代替手段」に戻るのだろうか。筆者はそうはならないだろうと考えている。もちろん「足で稼ぐ」ことを尊ぶ文化は残るだろう。しかし、広告収入の落ち込みなどでメディアの経営が悪化すれば、お金のかかる現場取材にこだわってもいられなくなる。取材経費は「最後の聖域」とされていたが、すでに2019

年ごろから一部のメディアでは出張がなかなか許可されないなどの声が上がっていた。残念ながら、記者の古き良き伝統は新型コロナにトドメを刺されるだろう。

だとすれば、広報も現在のリモート取材が「新常態」になるという前提で、新しい情報発信の方法を編み出していかなければならない。まず考えなければならないのは、「対面」と「リモート」をどういった形で使い分けるかだ。例えば、どんな条件が揃った時にリモートを選ぶのかなど、事前に一定の判断基準を設けておかなければ、有事の際に混乱することになる。

通常の会見を選ぶなら、外出自粛要請が解除されていたとしても「3密」を防ぐ工夫が必要になるだろう。「人数制限をするのか」「席をどれくらい離して設置するのか」「会見者はマスクをするのか」など、一定のマニュアルは用意しておかなければならない。ネットの場合も、記者の本人確認などが必要ならその方法や周知の手段を考えておく必要がある。

大企業などでは2020年後半から社長インタビューの機会が増え始めた。初期対応が一段落したところでトップの見立てを取材するためだ。そうした取材でも、トップの安全と「実際に視線を交わしながら話したい」という記者の要望とのバランスの調整が課題になるだろう。

より重要なのは、新商品の発表会や工場見学など、これまで「現場」で行うのが当然だとされていた取材をどうするかだ。リアルで実施する場合の安全対策を考えるのは当然として、再流行の兆しが見えた場合などに備え、リモートで実施する方法も考えておいたほうが良いかもしれな

図23　取材への姿勢が変化

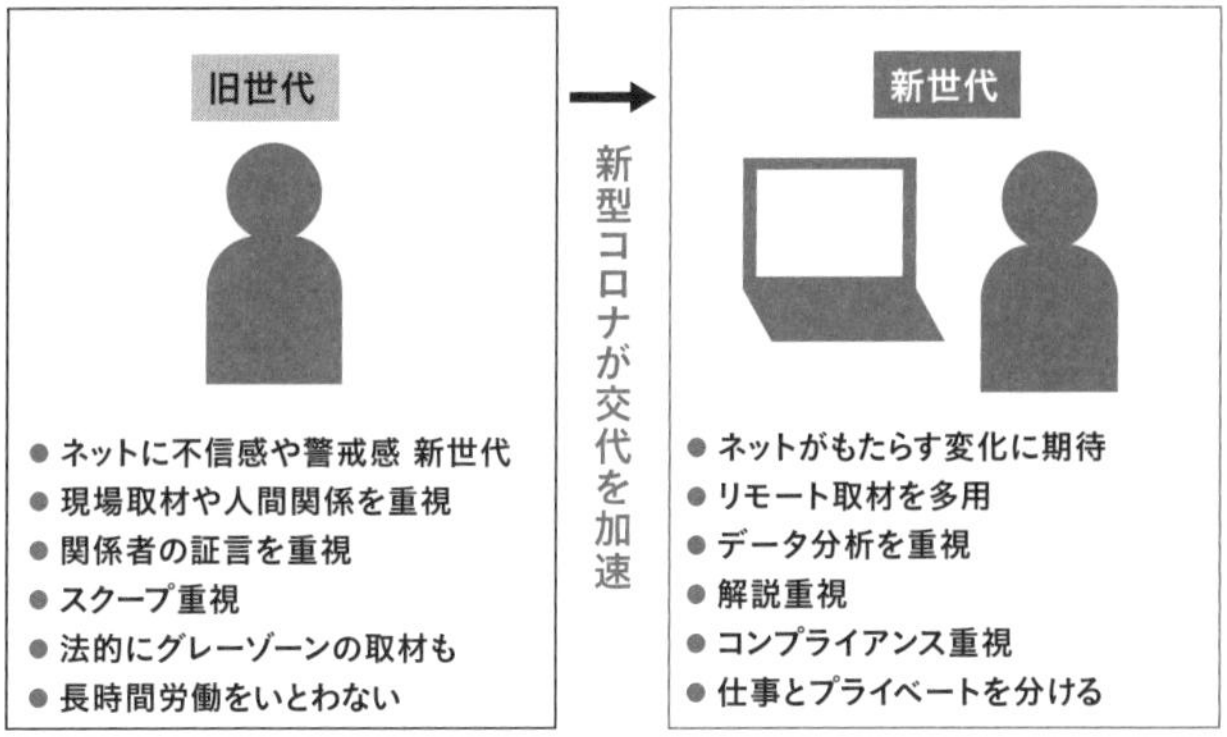
旧世代
新世代
新型コロナが交代を加速
ネットに不信感や警戒感 新世代
現場取材や人間関係を重視
関係者の証言を重視
スクープ重視
法的にグレーゾーンの取材も
長時間労働をいとわない
ネットがもたらす変化に期待
リモート取材を多用
データ分析を重視
解説重視
コンプライアンス重視
仕事とプライベートを分ける

い。

工場見学なら広報がカメラを持って歩きながら「現場中継」する形などが考えられる。商品の発表も、単に説明動画を流すのではなく、記者の要望をリアルタイムで聞きながらカメラの前で使ってみせるなどの工夫が必要だろう。各社のカメラマンを受け入れないのであれば、提供する写真や動画についても、ある程度、メディア側の要望に応じて撮り分ける必要が出てくるかもしれない。

これらは前例がないため、一から考えるのは大変な作業になりそうだ。ただ、新常態に適応しなければ、かなり長期にわたって自社の存在感が示せなくなるリスクがある。

発信格差是正の可能性も

逆に、記者のニーズをうまくつかめれば、情報発信をこれまで以上に増やすチャンスでもある。例えば地方企業の広報にとっては、東京の大手メディアに取り上げられにくいというのが長年の不満だった。これは先に説明した3現主義が邪魔をして、東京の記者に取材をしてもらいにくかったからだ。しかし出張なしの取材が一般化すれば話は変わってくる。広報がリモート取材をうまくセッティングできれば、東京からも取材の申し込みがくるかもしれない。コロナ禍で、都市部と地方の広報の「発信格差」が是正される可能性もあるだろう。

「広報向き」の記者とは？ 出身部署で異なる記者の特徴。タイプを整理し、最適な人材を選ぼう！

昨今、企業の副業認可の話を聞くが、「専門性」の高い業務は副業に適している。思えば広報も社内報作成や対メディアへの渉外力など高い専門性が求められる。そして、そんなスキルをすでに身につけた業種の人たちがいる。「記者」だ。

ここ数年、知っている記者の転職を耳にする機会が増えた。新聞業界で希望退職を募る社が相次いでいるからだ。今後もコロナ禍による業績悪化がその流れに拍車をかけるだろう。

これは記者にとっては不幸なことだが、新興ネットメディアなど他業界にとってはチャンスでもある。報道現場で経験を積んだ即戦力を獲得しやすくなるからだ。広報もそうした分野のひとつだろう。かつては定年退職した記者が顧問などとして雇われていたが、最近は現役バリバリの記者が新聞社を辞めて広報要員になるケースもめずらしくない。では、広報部門で記者出身者を採用する際、どんな点に注意する必要があるだろうか。

記者経験者に期待するのは3つ

広報というポストが記者経験者に期待する役割は主に、❶情報発信、❷情報収集、❸危機対応だろう。3つのうちどれを重視するかは業種や企業規模などによって異なる。

例えば、消費者や投資家へのアピールが課題になるベンチャー企業では❶が最重要になる。テレビや新聞などへのポジティブな露出が増えれば、広告費をかけずに自社の知名度や信頼度を高められるだろう。一方、金融など監督官庁の影響を受けやすい業種では、政治家や役所の動きを事前に察知する必要があるため❷を重視する。そして、事故や不祥事、業績不振などで記者会見を開くことが多い業界なら❸に期待するはずだ。

部署ごとに異なる記者の特徴

では、それぞれの役割に適しているのはどんな記者か。経験してきた部署との関係で考えてみよう。取り上げるのは、「社会部」「政治部」「経済部」、そして「企画系」の記者だ。

新商品を紙面や番組で取り上げてもらえるように売り込んだり、オウンドメディアなどで紹介したりする情報発信に適しているのは、企業ネタを担当する経済部の出身者だ（日経の場合はさらに細かく企業、経済官庁、証券などに担当グループが分かれている）。商品のどういった面をアピールすれば記者が飛びつくかを熟知しているし、他社も含め同じ分野の記者との人脈も豊富だからだ。一方、地域の話題や流行りものなどを紹介する「街ネタ」は社会部が担当している。こうした軽い話題ものについては社会部出身の記者も土地勘がある。

商品の比較や使い方のノウハウなどをわかりやすく紹介する記事については、ニュース部門よりは生活部など「企画系」の記者が得意としている。雑誌の特集やテレビ番組の担当者に、企画のアイデア（切り口）もあわせて提案する能力が高いといえる。また、科学部や解説部などの出身者は、素人には難しい専門知識を噛み砕いて表現できるため、研究機関や博物館などの広報として活躍している例が多い。おそらく技術・研究志向のベンチャーにも向いているだろう。

次に情報収集。政策絡みの情報網を持っているのは当然、政治部記者だ。政治家や官僚に人脈を持っており、その行動原理についても熟知している。財務省などの経済官庁については経済部出身者も同様の知識と人脈を持っていることが多い。元同僚たちとのつきあいや独自の情報源を生かしてアンテナを張り、政策変更の予兆や自社に対する監督官庁の反応などを探るのだ。「それは広報の仕事なのか？」と疑問に思う向きもあるかもしれないが、金融系など、監督官庁の動向に左右されやすい規制業種では、プロパーの広報部員がこうした役割を担っている例が少なくない。

危機対応については、警察などの捜査当局やアンダーグラウンド情報に強い社会部出身者が重宝されてきた。週刊誌やフリージャーナリスト、市民団体などとの人脈が豊富なのも特徴だ。そうした情報網があれば、自社についてのネガティブな噂を早い段階で察知したり、反社会勢力からの攻撃を未然に防いだりしやすくなる。先に述べた情報収集とも重なる役割だ。

一方、実際に事故や不祥事などが起きてしまった際の対応も、修羅場に強い社会部出身者が頼りになる。こうした会見では、広報とつきあいのある経済部記者に加え、社会部記者がやってきて激しく責任を追及するケースが多い。攻める側の「手口」を事前に知っておけば、対応もしやすくなるわけだ。企業の会見について言えば、必ず出席する経済部の記者にも対応能力があると見ていいだろう。とくに業績不振やM&Aなどについての会見では経済記者の知見が役立つ。

ただし、ベテラン記者の場合、これらのうち複数の部署を経験しているケースが多い。筆者も経済部と経済解説部をほぼ同じ期間、経験した。また、同じ部署でも担当する分野はさまざま

図24　出身部署と得意分野

部署	情報発信	情報収集	危機対応
社会部	ご当地ネタ、流行ネタなど軽めの話題	警察・検察など捜査当局やアングラ世界の動向	事故・事件、不祥事などの会見
政治部	あまり期待できない	政界、役所の動向	あまり期待できない
経済部	新商品、トップインタビューなどの売り込み	経済官庁や財界の動向	業績不振、M&Aなどの会見
企画系	比較記事、特集などの売り込み、専門知識の解説	あまり期待できない	あまり期待できない

だ。例えば経済部なら企業と経済官庁でまったく違うし、企業の中でもメーカーやサービス業など業種が分かれている。ある部署の経験が短い場合は、具体的にどのような業界を取材していたか確認する必要があるだろう。ぜひ頭に入れておいてもらいたい［図24］。

避けるべきケースとは

次に個人の資質に焦点を当ててみよう。まず、絶対に避けたほうが良いのは「不祥事をもみ消せる」「ネガティブ報道を防げる」とアピールするタイプだ。どれだけ記者の行動原理を熟知していたとしても、こうした芸当はできないからだ。むしろ、本当に何度も修羅場をくぐった記者なら、ネガティブ情報を隠ぺいすることが逆にリスクを高めることを知っている。元記者の役割は「燃えている火に追加の燃料を注ぐのを防ぐこと」だ。むしろ、そうした限界も含めて率直に説明する人のほうが信頼できる。

もし、記者出身の広報が記者をコントロールしようとすればどうなるか。2018年に起きた、日本大学アメリカンフットボール部の危険タックル事件は格好の事例だ。この釈明会見で、通信社出身の広報が報道陣の質問をさえぎって口論になり、大学の評判をさらに下げてしまったことは記憶に新しい。

また、記者の性格については、知り合いの記者などを通じて必ず情報を集めることをすすめたい。パワハラやセクハラなどのトラブルを起こして辞めたケースも少なくないからだ。また、他の記者たちとの関係が悪ければ、広報業務にも差し障りがあるだろう。

企画などについての提案力は、日経テレコン21などのデータベースで署名記事を調べれば、ある程度わかる。まとめモノや特集記事などの切り口が面白ければ、発想が豊かで上司に企画を通す能力も高いと推測できるからだ。こうした下調べをしたうえで本人の話を聞けば、誠実で有能かどうかは見極められるのではないだろうか。

独自ネタへの価値高まる！
コロナ下で二極化進む記者の仕事、対応する広報担当者にも影響が！

コロナで仕事の棚卸しが進んだ。「選択と集中」は記事の内容にも及ぶ。「発表記事ではなく、もっと独自記事を書きたい」そう求める記者たちに広報担当者はどんな情報を提供できるだろうか。

コロナ禍が続く中で、記者と広報の関係がどのように変化したのか振り返ってみたい。

コロナで広報への依存度高まる

2020年は、新聞もテレビも話題は新型コロナ一色だった。全国5紙の記事をデータベースで調べると、ピークの4月には約4万4000本の関連記事が掲載されている。9月と10月は2万4000本程度で落ち着いているが、企業の業績から米国大統領選挙まで、あらゆるニュースが新型コロナと結びついて報じられている状況は変わらない。

コロナ禍は記者たちの仕事の仕方にも劇的な変化をもたらした。中でも大きかったのは、インターネットを使った「リモート取材」をいっきに普及させたことだ。過重労働への反省から「働き方改革」の気運が高まっていたことも、この流れを後押しした。やや大げさに言えば業界の文化自体が転換期を迎えつつある。

具体的には何が起きているのか。実は、足元ではニュースソースとしての広報への依存度が高まった。プレスリリースや記者会見などを元にした、いわゆる「発表記事」が増えているのだ。「発表」というキーワードを含む記事は、例年100本当たり19本前後で推移してきた。ところが、2020年は25本を超えている。感染者数などコロナ関連の当局発表が増えたことも一因だが、現場取材が難しくなったことが影響したのは間違いない。

従来、企業や役所の発表に頼りがちな日本のマスコミに対しては「発表ジャーナリズムに陥っている」という批判が向けられてきた。近年はそうした姿勢を改め、独自の問題意識や取材でニュースを発掘する「調査報道」を重視する気運が高まっている。コロナ禍は、そうした取り組みに水を差す形になってしまった。

ただ、取材に制約が増えたことで、逆に従来の仕事の「棚卸し」が進んだ面もある。記者と話すと、仕事の効率化が進んだという前向きな評価も耳にする。「対面取材が必要なケースと、そうでないケースを意識するようになった」というのだ。これは、筆者自身の実感とも一致する。

図25　記事の「二極化」に対応した広報体制が必要に

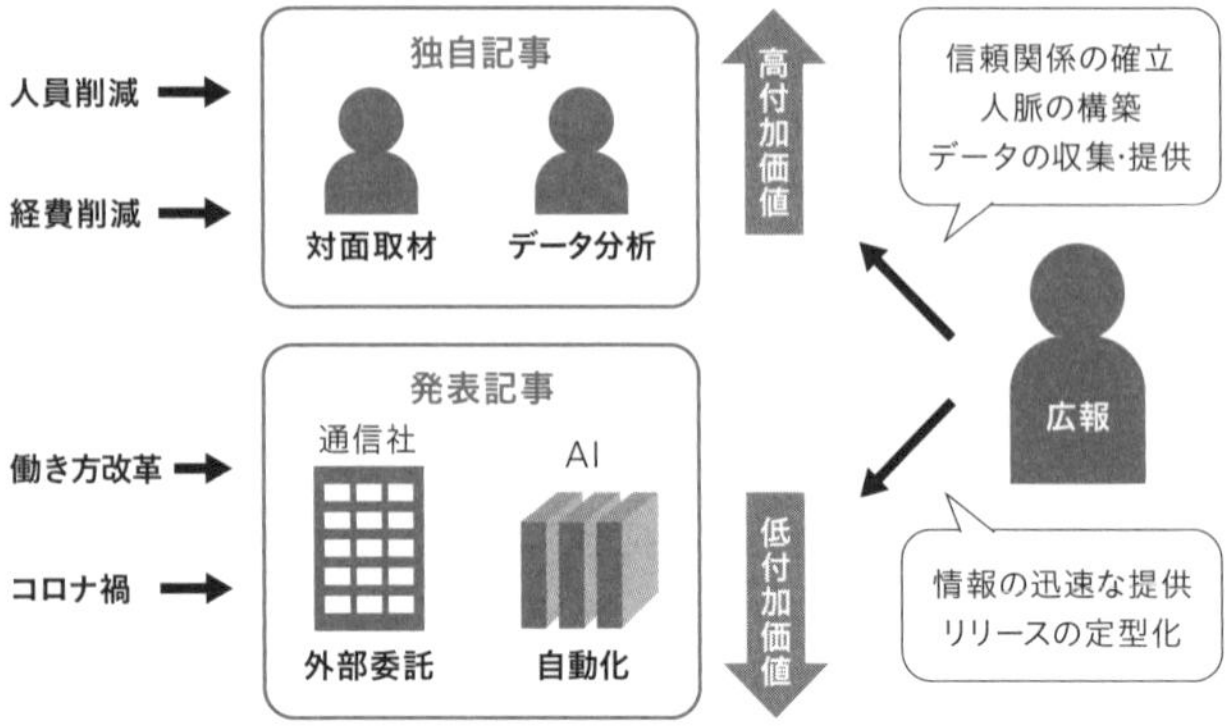

記者業務の「選択と集中」

そもそも日本の記者は、欧米などに比べ幅広い業務を担当してきた。例えばプレスリリースの処理や、記者会見の速報などは中堅の記者でも普通にこなしている。しかし欧米のメディアでは、これらは主に通信社の仕事だ。新聞社などの記者は調査報道や解説記事、論評などに力を入れる。分業が進んでいるのだ。

もちろん、どちらが優れていると簡単に言うことはできない。日本の記者は担当分野をきめ細かく取材しているとも言える。しかし、発表ジャーナリズムからの脱却を図るなかで、こうした仕事のすべてに対面取材や現場視察を持ち込むことに、限界が来ていたことも事実だ。これまでやってきた業務のうち何を捨て、何に力を入れるかという「選択と集中」を迫られているのだ。このことは、記者のカウンターパートである広報の業務にも影響を与えるだろう。

現場で始まった変化を一言で表せば、記者の二極化だ。発表記事や速報の類は、今後、通信社などへの外部委託が急速に進むだろう。すでに業績の悪化で人員を削減した新聞社では、通信社の記事の活用が進んでいる。内製化を続ける場合でも、若手に修業の一環として専従させるか、専門部署をつくって任せる形になるかもしれない。

日本経済新聞では、AIを使って企業の決算記事を配信する取り組みも始まっている。いわば「ロボット記者」の活用だ。筆者も経験があるが、多い場合は数十社に上る担当企業の決算発表をいちいち原稿にするのは大変だ。海外でもスポーツの途中経過を自動で速報するシステムなどは実用化されている。書き方が決まっている定型記事の執筆については、これから自動化が進むだろう［図25］。

記事の二極化は広報にも影響

裏を返せば、広報についても、リリースの配布で記者クラブに出入りするだけでさまざまなメディアの記者と簡単に関係が築けた時代は終わりつつある。リリースや決算発表も、定型の速報記事やAIでの処理に向いた形式を検討する必要があるかもしれない。

こうした省力化が進む一方で、一般の記者はより付加価値が高い「独自記事」を書かなければならなくなる。カギを握るのが、対面取材とデータの収集・分析だ。

リモート取材が広がる中でわかってきたのは、「リアルの場でつきあいが長い相手とのやりとりは問題なくできるが、新しい人脈を広げたり、初対面の人と信頼関係を築いたりする手段には向いていない」ということだ。調査報道では、時には相手が口にするのをためらうような証言を引き出すことも必要になる。顔を合わせて繰り返し対話し、信頼を得なければ成功しないのだ。これまで記者クラブに縛られてそうした取材がしにくかった記者も、現場に出て取材する時間が増えるだろう。そうした記者に食い込むには、広報もこれまでと違ったアプローチを求められる。例えば、調査報道の端緒になるような情報を提供できれば、記者との関係が深められるだろう。

調査報道を行う記者にとって、近年もうひとつの武器になりつつあるのがデータ分析だ。これからは記者がデータサイエンティストなどの専門家と連携して取材を進めるケースが増えてくる。取材に応じる広報も、話についていける程度の知識は持つ必要があるだろう。業界や自社のデータに通じておくことも大事になる。

マスコミ業界は対面取材を増やすなど徐々に平時モードへの移行を進めつつある。ただ、仮にコロナ禍が過ぎ去ったとしても、記者の仕事やマインドセットは大きく変わっているだろう。日経新聞など、データジャーナリズムをはじめ新しい報道の形に合わせて組織改革に着手したメディアもある。広報の側も、そうした変化への対応を始めるべき時期にきているのではないだろうか。

改めて頭に入れておきたい！忙しい記者にも書いてもらうプレスリリース作成の極意とは？

コロナによる売上低迷挽回のため、あらゆる商戦にかける企業も多いだろう。広報もメディア露出を増やし、売上に貢献することを期待されているはずだ。しかし、忙しい記者にどうすれば記事化してもらえるのか。そのノウハウをまとめてみる。

多くの企業ではコロナ禍によって売上の低迷が続いており、広告費などマーケティングにかけられる予算も大幅に減っている。こうした時期には、お金をかけずに大きな広告効果が見込めるマスメディアでの露出に期待がかかるものだ。では、商品のプレスリリースをどのようにつくれば、記者が取り上げる気になるのか。

親切なリリースが露出増のカギ

筆者も日本経済新聞で記者をしていたころは、毎日のようにプレスリリースを記事化していた。日経の記者は日経産業新聞など専門媒体にも出稿しなければならないので、とくにリリースの処理量が多いのだ。発表が増える週末の夕方などは、他紙の記者から「馬に食わせるほど原稿を書いている」と揶揄されるほど忙しかった。

ところが最近は、他の全国紙でも同じような状況になりつつある。新聞離れの加速により人員削減が進み、記者1人当たりが担当する企業数がどんどん増えているからだ。

自分の経験から言えば、こうした状況になると記者は発表内容のニュース価値とは別に、「処理がしやすい」リリースを優先するようになる。裏返すと、一読して追加取材に手間がかかりそうだったり、文章が読みにくかったりすると、つい敬遠してしまう傾向があるのだ。かつて広報業界には「リリースに盛り込む情報は不親切なくらいが記者の取材意欲をかき立てるのでよい」という説があったそうだが、現在では逆効果だろう。

即座に価値判断できる見出し

では記者にとって、どんなリリースが理想的なのか。とくに重要なのは、❶タイトルだけで「何がニュースか」が明確にわかる、❷記事の第1文が書きやすい、❸データなど客観的なファクトで説明されている――、の3点だ。

なぜタイトルが重要なのか。仕事が忙しくなってくると、リリースの本文にじっくり目を通す時間がなくなるからだ。それどころか、タイトルを見て重要かどうか判断し、処理が必要そうなときだけ、本文の冒頭に目を通すという流れになる。

実は、これは記者が新聞を読むときのスタイルだ。新聞のニュース記事では、見出しに重要なポイントをすべて盛り込む。また、リード（前文）と呼ばれる第1段落に、その記事でもっとも重要な5W1Hを盛り込むことになっている（第1章21ページを参照）。だから、新聞を速読するときは、まず見出しだけ読み、重要そうならリードまで読む。さらに詳しく知りたいときだけ、第2段落以降に目を通すことになる。記者はこのクセがついているので、忙しいときにはリリースについても同じ読み方をするケースが多いのだ。

そういう観点から一般的なリリースのタイトルを見てみよう。例えば日経電子版にあるプレスリリースのコーナーを開くと、分野ごとにタイトルの一覧を見ることができる。一読して、「〈企業名〉が〈商品名〉を発売」というスタイルが多いことに気づくはずだ。

こうしたタイトルの場合、記者にはニュース価値が伝わらない。企業や商品のブランド力がよほど強くない限り関心が持てないのだ。もちろん本文にはその商品のユニークな特徴が書かれているのかもしれないが、見出しだけ見て無視される可能性が高いのである。

必要なのは、記者や読者（消費者）にとって具体的に何がニュースなのかという情報だ。例えば、「従来品より性能が○パーセント向上した」「世界初の▲▲機能をつけた」「原材料に安全性の高い■■を使った」といった点まで盛り込まなければ意味がないのである。

冒頭で端的に商品説明を

次に重要なのが本文の冒頭部分だ。忙しい記者がしっかり読んでくれるのは、せいぜい最初の1～3文だと思ったほうがいい。そこだけ読んだときにニュース価値がはっきり伝わるかどうかが勝負なのだ。

記者が原稿を書くうえでもっとも苦労するのは冒頭の1文だ。経済記事の場合、スタイルはおおむね決まっていて、「Ｗｈｏ＋Ｗｈｅｎ（＋Ｗｈｅｒｅ）＋Ｗｈａｔ」という形だ。実際、新聞の経済面を見ると、「A社は○日、世界初の▲▲機能をつけた■■を発売すると発表した」というパターンが多いことに気づく。

プロであれば機械的に書けそうに感じるかもしれないが、ときどきこの「Ｗｈａｔ」の部分を書くのに苦労するケースがある。というのも、新聞記事には「原則として1文を3行以内、長くても5行以内に収めなければならない」という暗黙のルールがあるからだ。一般に、人は1文の字数が40字を超えると読みにくく感じ、誤読も増える。それが60字を超えると難易度はさらに上がる。だから記者は新人のころから「記事は1文3行以内で書け」と叩き込まれるのだ。

先ほどの例文で問題になるのは「世界初の▲▲機能をつけた■■を発売する」という、ニュース価値の根幹を説明する部分がすぐに思い浮かぶかどうかだ。逆に言えば、この部分さえ書ければ、あとは難しくない。細かい仕様については「具体的には～」と後でつけ足せばいいからだ。

記者が敬遠するリリースとは、この部分を判断し、少ない字数でまとめるのが難しいものだ。裏返せば、タイトルやリリースの冒頭にそのまま引用できる文言があれば「これは処理がしやすいな」と感じるのである。

もちろん、本来はそれを考えて書くのが記者の役割だ。しかし、仕事が立て込んでくるとそうした時間もなくなるのが現実である。記事への採用率を高めたければ、広報自身が、それをある程度「お膳立て」しておく必要があるのである。

最後に強調しておきたいのが、新聞記事では「便利になった」「おいしい」といった抽象的な表現が使いにくいということだ。これは記事に客観性を持たせるためで、商品の機能や特徴を説明するときも数値や具体的な挙動を盛り込まなければならない。イメージ戦略が重要な広告と異なる点だ。こうした点に注意して書けば、忙しいときでも記者の関心を引けるはずだ。

記事を売り込むベストシーズンは？
ネタ枯れの休暇シーズンを狙うが定説、重要イベントにも配慮を！

ネタの閑散期こそPRのチャンス。この定説は変わらない。一方、いまはワクチン接種や五輪など重要イベントが控える。さらに、いつ予定の変更があってもおかしくない。複数のシナリオを用意しておくことが肝要だ。

2020年を振り返ると、「新型コロナに始まり、新型コロナに終わった」感がある。誰にとっても、年始に思い描いていたスケジュールが、これほど狂った年はなかったのではないだろうか。2021年もパンデミックの終息が見えない中で年間計画を立てにくい状況が続いている。一方で、不確実性が高まっている時ほど、事前の備えが必要だ。ここでは、記者の季節ごとの繁閑に着目して、広報がネタを売り込む最適なタイミングについて改めて考えてみたい。

図26　1日当たりの記事数（全国5紙）

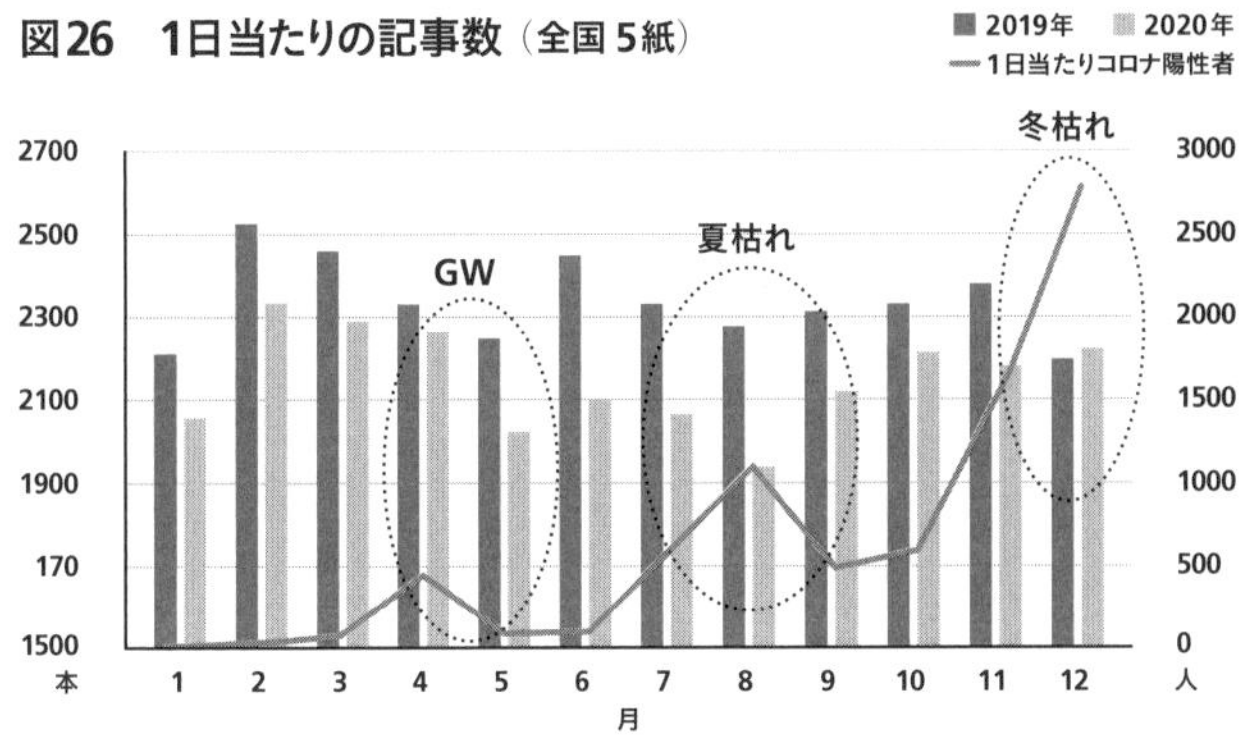

注）日経テレコン21で「。（句点）」を含む記事を検索し、ヒット数を発行日数で割った値。
コロナ陽性者数は厚生労働省のデータから計算。1月のみ16日以降。

長期休暇が広報のタイミング

記者にとっての最重要課題は、言うまでもなくスクープを抜く（あるいは抜かれない）ことだ。一方で、同僚や上司から「できる記者だ」という評価を受けようと思えば、ニュースがない日に紙面を埋めることも重要な仕事になる。旬の話題や流行などを見つけて「街ネタ」を書いたり、企業や役所の発表を組み合わせて「傾向モノ」「まとめモノ」などと呼ばれる大きめの記事に仕立てたりする器用さが記者には求められるのだ。

広報がネタを売り込むのに最適なのは、記者がそうした「埋め草」を探しているタイミングだろう。では、記者がネタに困るのはどんな時なのか。

実は、全国紙に掲載される記事の量は季節によって変動する。おおむね、記事が多い時期はニュースが豊富で、少ない時期はネタ枯れが起きているとえて良い。ニュースが少ない時期にはページ数自体を減らすこともあるが、筆者の経験から言えば、だからといって原稿不足が解消されるわけではない。

実際に、データベース「日経テレコン21」に収録された記事の本数を見てみよう。1日当たりの記事数をグラフ化すると、「年末年始」「大型連休がある5月」「お盆前後」に減っていることがわかる。2020年は新型コロナの影響があったのでイレギュラーだが、2019年も傾向はほぼ同じだ。

ここからわかるように、ネタ枯れはいずれも休暇シーズンと重なる。社会全体で政治・経済活動の水準が一時的に下がるため、ニュースも減るのである。中でもお盆前後はその傾向が強く、昔から「夏枯れ」と呼ばれて記者を悩ませてきた。朝日新聞社が夏休みに全国高等学校野球選手権大会を開くのも、この夏枯れ対策の側面がある。ニュースがないならつくってしまえ、というわけだ。

この時期には、記者たちも交代で休暇を取る。とくに最近は、「働き方改革」の流れで有給休暇の消化を厳格に求める職場が増えている。しかし、同僚記者が休みに入ると1人当たりの出稿量は増える。さらに、休暇中に使える、日が経っても腐らない「置き原（稿）」を提出してから休むよう求められるケースも多い。

つまり、休暇が近づくと記者はそうした「暇ネタ」を探し始める。さらに、休暇シーズンには人手不足とネタ枯れでニュースに飢えるようになる。広報にとっては、ここが狙い目だ。ニュースが豊富な時期なら載らないような発表が大きく扱われたり、すでに発表した商品が「まとめモノ」などの形で記事になったりするからである。

逆に、売り込みの効率が落ちるのが、年度末に向かう2、3月や、5月の決算発表を終え、株主総会など企業ネタが増える6月だ。売り込みのタイミングをコントロールできるネタであれば、こうした繁忙期を避け、1～2カ月寝かしてから発表したり、記者に売り込んだりすべきだろう。

ワクチン・五輪・総選挙

ただし、2021年については季節要因の他に重要なイベントが複数控えているので、記者の繁閑は読みにくくなる。さらに、新型コロナの拡大状況によって、それらの時期が動く可能性があるので要注意だ。

予定されている国内の重要イベントとしては「新型コロナのワクチン接種」「東京五輪・パラリンピック」「(衆議院の解散)総選挙」がある。まず、2月中旬に医療従事者などからワクチンの接種が始まり、高齢者などへと拡大される。マスコミはその予防効果や副反応について、社会部、政治部、経済部などがそれぞれの観点から取材し、大きく報じることになるだろう。

さらに、6月頃には延期された東京五輪・パラリンピックの開催を最終判断する局面がやってくる。3月25日には聖火リレーもスタートした。どのような形で開催するのか、再延期や中止はないのかなど報道合戦が過熱するのは間違いないだろう。

予定通り7月23日から開かれるなら、夏場は五輪の話題が新聞、テレビ、ネットを独占するはずだ。五輪に関連するネタ以外は取り上げられにくくなる。逆に、開かれなければ例年にも増して深刻な「夏枯れ」が起きるだろう。

さらに読みにくいのが政局だ。国政にも影響のある東京都議会議員の任期満了は五輪開会式の前日22日。さらに9月30日には菅義偉首相の自民党総裁任期が満了する。10月21日には衆議院議員の任期満了も控える。現政権は、こうしたスケジュールを見据えて解散総選挙のタイミングを探ることになる。現時点では「来年度予算の成立後」「通常国会の会期末」「五輪開催後」などさまざまな噂が飛び交っているが、これればかりは誰にもわからない。

M&Aが増える可能性も

まだ表面化はしていないものの、頭に入れておきたい要素もある。2021年は企業のM&Aに関するニュースが増える可能性が高いということだ。例えば、菅政権は地方銀行の再編を促す方針を掲げており、経済記者の間ではすでに水面下で取材合戦が始まっている。銀行が合併すると借り手企業の再編を誘発するケースが多く、菅政権の狙いもそこにある。そうでなくても、新型コロナの感染拡大によりビジネスモデルに打撃を受けた業界では、生き残りをかけて再編が模索されている。例年の傾向から言えば、3～6月ごろから、そうした動きが次々に表面化すると想定しておいたほうがいいだろう。

これらのスケジュールは、新型コロナの国内外の感染状況や、ワクチンの効果にも左右される。例年の記者の繁閑をベースにしながらも、「五輪は開催されるが、パラリンピックは再延期・中止される」といった複数のシナリオを想定して広報戦略を練る必要があるだろう。

おわりに

元記者が書くメディア論は、おおむね2つのタイプに分けられるのではないだろうか。ひとつは美化された記者像を前提に、理想を語るタイプ。定年まで勤め上げ、自分の実績に自信を持っている人が書いたものに多い。

もうひとつは堕落した記者像を前提に、マスコミ批判に終始するタイプ。上司と対立して会社を飛び出した人が書いたものに多い。最近はマスコミ不信の高まりを背景に、後者の比率が高まっている。

ただ、私自身は自分の経験に照らし、どちらの記者像にも違和感を抱いてきた。報道が民主主義社会を支える重要な要素であることは論をまたないが、だからと言って個々の記者が清廉潔白な「正義の味方」であるわけがない。自分の人事評価に一喜一憂し、住宅ローンの返済に頭を悩ませる、普通の会社員の一面を持っているのが普通だ。

一方で、最近の「マスゴミ批判」の中で語られる、自己保身と悪意の塊のような姿も、実態とはかけ離れている。最近は改善が進んでいるとはいえ、記者の仕事は激務だ。そんな世界にわざわざ飛び込んでくる人間が、ジャーナリズムについての理想を持っていないわけがない。自分が抱える理想と現実の矛盾に悩みながら、日々「究極の選択」を繰り返しているのが本当のところだ。憧れの仕事に就いた人であれば、記者に限らず同じ思いをするものではないだろうか。

私自身について言えば、約15年間勤めた新聞社を退職して40代でフリーになった。しかし、個人的な事情から辞めたこともあって、古巣への恨みやわだかまりはまったく持っていない。もちろん、会社や業界に対する不満や問題意識がなかったわけではないが、それは勤め人であれば誰でも持っている類のものだと思う。

だから、メディアやジャーナリズムについて語るときは、なるべく中立的に振る舞おうと意識してきた。営業上の観点からすれば、マスコミ批判の流行に乗ったほうがいいのかもしれない。実際、自著の売り込みのため書店を回ると、売り場の担当者から「暴露本や批判本を書いたほうが売れますよ」とアドバイスされることがある。しかし、「極論」があふれる現状を見ると、私のような経歴の人間は、たとえ面白みはなくても記者や業界の等身大の姿を伝える使命があるのではないかと感じる。そして、自分の取材経験から言っても、現実というものは両極端な意見の中間あたりにあることが多いものだ。

本書も、そうした問題意識に基づいて執筆した。

例えば、記者と取材先の会食については「癒着」ととらえて全否定する意見がある。マスコミ批判の立場からは、「言語道断で、コロナ禍を契機にすべてやめるべきだ」と言えばスッキリするだろう。しかし、昔から批判を受けながらも会食が続いてきたのは、記者と取材先の双方に、リスクやデメリットだけではなく、リターンやメリットがあるからだ。

人間として清く正しく生きることがジャーナリストの使命なのであれば、癒着と疑われるような行動は徹底して避ければいい。だが、記者の多くは「隠された事実を発掘し、世の中に伝える」ことが究極の使命だと考えている。もし、会食によって取材先との距離が縮まり、秘密を聞き出しやすくなるのなら、そうした手段を利用することは「悪」だろうか。

もちろん、相手に取り込まれて筆が鈍ったり、読者から疑念を持たれたりするリスクは存在する。一方で、記者は経験を通じ、会食の効用についても実感するようになる。だからこそ、後ろめたさやリスクを感じながらも取材先と食事をすることを選ぶのだ。これは、取材先の側も同じだろう。

だから、私の解説は歯切れが悪くなる。「会食にはメリットとデメリットがある」という、どっちつかずの立場だからだ。しかし、広報の現場にいる人が本当に知りたいのは、「記者にとって会食のメリットとデメリットとは何か」や、「社会部や経済部など部署によって、会食のとらえ方はどう違うのか」といった「現実」ではないだろうか。

もちろん、本書がそうした疑問にきちんと答えられたかや、筆者が示した提案や助言が的確であるかについては読者の評価を待つしかない。ただ、少なくとも現場で活動する記者たちの本音や実態について知るための資料としては、役立つのではないかと自負している。本書が、メディアの大変革期に広報活動に従事する読者の皆様に、何らかのヒントを与えることができるなら、著者としてこれに勝る喜びはない。

また、最後になったが、本書のベースになった連載については、宮田浩平さんをはじめ各編集担当の方に毎号、時宜を得た提案と、的確な助言をいただいた。また、本書をまとめるにあたっては、タイトなスケジュールの中で篠崎日向子さんと小田明美さんに、多大な労を取っていただいた。この場をお借りして感謝申し上げる。

本書は、弊社刊「広報会議」（２０１７年４月～２０２１年２月）に連載されたものを
加筆・修正したものです。

松林 薫 まつばやし・かおる
1973年、広島市生まれ。ジャーナリスト。京都大学経済学部卒、同大学院経済学研究科修了。1999年、日本経済新聞社入社。経済解説部、経済部、大阪経済部、経済金融部で経済学、金融・証券、社会保障、エネルギーなどを担当。2014年10月退社。2019年4月から社会情報大学院大学客員教授。著書に『新聞の正しい読み方』(NTT出版)、『「ポスト真実」時代のネットニュースの読み方』(晶文社)、『迷わず書ける記者式文章術』(慶應義塾大学出版会)などがある。

メディアを動かす広報術

発行日　2021年7月4日　第一版第一刷

著　者　松林薫

発行者　東彦弥

発行所　株式会社宣伝会議
〒107-8550
東京都港区南青山3-11-13
新青山東急ビル9階
TEL：03-3475-3010（代表）
URL：https://www.sendenkaigi.com

印刷・製本　モリモト印刷株式会社

ISBN: 978-4-88335-523-5